Dima Zito | Ernest Martin
Traumasensibler Umgang mit geflüchteten Menschen

Dima Zito | Ernest Martin

Traumasensibler Umgang mit geflüchteten Menschen

Ein Leitfaden für Fachkräfte und Ehrenamtliche

2., überarbeitete und aktualisierte Auflage

BELTZ JUVENTA

Die Checklisten stehen im DIN A4-Format zum kostenlosen Download bereit unter: www.beltz.de

Die erste Auflage erschien unter dem Titel „Umgang mit traumatisierten Flüchtlingen".

Bibliografische Information der Deutschen Nationalbibliothek
Die Deutsche Nationalbibliothek verzeichnet diese Publikation in der Deutschen Nationalbibliografie; detaillierte bibliografische Daten sind im Internet über http://dnb.d-nb.de abrufbar.

MIX
Papier | Fördert gute Waldnutzung
FSC® C089473
www.fsc.org

Werderstraße 10, 69469 Weinheim
www.beltz.de · www.juventa.de
Herstellung: Hanna Sachs
Satz: Ulrike Poppel
Druck und Bindung: Beltz Bad Langensalza GmbH, Bad Langensalza
Printed in Germany

ISBN 978-3-7799-7814-5 Print
ISBN 978-3-7799-7815-2 E-Book (PDF)

Inhalt

Vorwort zur aktualisierten Auflage

Seit wir die erste Ausgabe dieses Buches 2015/2016 geschrieben haben, hat sich einiges verändert – und noch mehr ist gleich geblieben.

Damals war es eines der ersten Bücher im Themenfeld, entstanden aus unserer alltäglichen Arbeit mit geflüchteten Menschen sowie den Fortbildungen, die wir für Fachkräfte und ehrenamtlich Engagierte gegeben haben.

Diskurse haben sich verändert. So ist es heute nicht mehr üblich, von „Flüchtlingen" zu sprechen, aufgrund der Überlegung, dass der Begriff eine negative Konnotation haben, geflüchtete Menschen auf ihren Fluchthintergrund reduzieren oder in einer passiven Rolle festschreiben könnte. Es gibt auch Gründe, den Flüchtlingsbegriff beizubehalten – er steht für historische Kontinuität und ist mit Rechten wie der Genfer Flüchtlingskonvention oder dem Flüchtlingsstatus verbunden. Dennoch hat sich in engagierten Kreisen der Begriff „Geflüchtete" durchgesetzt. So heißt beispielsweise das PSZ Düsseldorf e. V., in dem ich (DZ) 19 Jahre lang gearbeitet habe, inzwischen Psychosoziales Zentrum für Geflüchtete.

Wir möchten, dass der Inhalt dieses Buches – also das Verstehen und Erkennen einer Traumatisierung und der hilfreiche Umgang mit den Betroffenen – Fachkräften und Ehrenamtlichen in der Arbeit mit geflüchteten Menschen weiterhin dienlich ist. Wir möchten niemanden abschrecken durch die Verwendung eines heute möglicherweise antiquiert oder unangemessen wirkenden Begriffes. Deshalb haben wir uns entschieden, dieses Buch sprachlich zu überarbeiten.

Denn die traumasensible Unterstützung geflüchteter Menschen ist weiterhin dringend notwendig.

In den letzten Jahren musste der UNHCR folgende Aussage in jedem Bericht wiederholen und mit immer höheren Zahlen aktualisieren: „Es sind so viele Menschen auf der Flucht wie nie zuvor". Im Frühjahr 2024, während wir dieses Buch überarbeiten, waren es weltweit über 110 Millionen (UNHCR 2023). Während Sie diesen Text lesen, werden es sicherlich mehr sein. Und auch wenn die EU sich entschieden hat, Lager außerhalb der Grenzen einzurichten und die hilfesuchenden Menschen immer gewaltvoller abzuwehren, werden weiterhin Geflüchtete einreisen. Solange Kriege geführt werden und die globalen Ressourcen so eklatant asymmetrisch verteilt sind, werden Menschen fliehen, um ihr Leben zu retten, um der Sehnsucht nach Sicherheit und Gerechtigkeit zu folgen.

Und dann gibt es noch die Geflüchteten, die bereits unter uns leben. Ihre Situation bleibt meist über viele Jahre prekär. Auch diese Menschen brauchen empathische und eben traumasensible Unterstützung. Einige Grundgedanken und Empfehlungen dazu finden sich in diesem Buch. In die Liste der Bücher, die wir Ihnen empfehlen möchten, haben wir weitere aufgenommen, die in den letzten Jahren erschienen sind. Ansonsten finden Sie die bewährten Inhalte in diesem Buch. Wir hoffen, dass die Lektüre für Sie stärkend und inspirierend sein möge!

Hückeswagen, März 2024
Dima Zito und Ernest Martin

Geleitwort von Michaela Huber

Mit voller Bewunderung und großer Freude habe ich diesen kompakten Leitfaden gelesen – und möchte ihn Ihnen sofort wärmstens ans Herz legen. Mit solch einfachen, klaren Worten habe ich sehr selten gelesen oder gehört, was traumatisierte Flüchtlinge wirklich erleben und was sie brauchen, damit es ihnen besser geht.

Das Buch richtet sich an HelferInnen in der Flüchtlingsarbeit und erklärt, welche Erfahrungen Geflüchtete gemacht haben, wenn sie zu uns kommen, und was gut für sie sein könnte. Das wird wunderbar eindringlich erläutert, ohne „zu viel“, also quälend zu werden. Man liest – und versteht über das Gelesene hinaus: So ist es also, die Heimat zu verlieren. Die Schulkameraden. Die Lieblingsspielsachen. Den eigenen Hund oder die Katze, die man liebte. Die Schwester. Die Eltern …

Menschen sind gestorben, vielleicht hat man es sogar sehen müssen: geliebte Menschen. Und Fremde. Im Krieg, auf der Flucht. Es ging rau und hart zu. Grob, manchmal verroht. Verdreckt. Immer hatte man Angst; oft konnte man über Wochen kaum schlafen. Man hat gar nichts mehr außer dem, was man am zerschundenen Leib und in einem kleinen Bündel über der Schulter trägt. Gar nichts mehr. Keine Familie, keine Freunde, nicht mehr die vertraute Umgebung. Erst ist man ununterbrochen unterwegs. Weiter, weiter, weiter. Bis man endlich da ist. Und dann?

Warten. Nicht wissen, ob man bleiben kann. Stunden. Tage. Wochen. Monate. Vielleicht Jahre. Papiere. Nummern. Anträge, Anhörungen. Immer wieder muss man über das sprechen, was man am liebsten hinter sich lassen würde: Das Grauen. Auf der Pritsche sitzen, nicht arbeiten dürfen, warten. Schlangestehen. Erleben, dass Menschen feindselig sind, weil man „anders“ aussieht. Die Sprache nicht verstehen, und ewig lange warten müssen, bis man im Sprachkurs lernen darf, was hier die Menschen zueinander sagen, in diesem neuen Land, wo man anfangs vielleicht nicht einmal die Straßenschilder lesen kann…

Dass nur die Hälfte der Geflüchteten, die zu uns kommen, traumatisiert sein sollen, ist sicher nicht richtig. Es sind vermutlich ALLE traumatisiert, weil sie alle über lange Zeit in Todesangst und existenzieller Not waren; viele sind es noch lange, auch Jahre nach der Ankunft in dem Land, das ihnen vielleicht – vielleicht! – eine neue Heimat sein könnte.

Gewiss richtig und wahr hingegen ist: Etwa die Hälfte der Geflüchteten hat eine dauerhafte Stressverarbeitungsstörung zurückbehalten nach dem Inferno von Krieg, Vertreibung, Flucht. In Fachkreisen spricht man von „Posttraumatischer Belastungsstörung" (PTBS), die meistens mit weiteren psychischen und physischen Problemen einhergeht: Depressionen, Angststörungen, unkontrollierte Wutanfälle, Impulsdurchbrüche, Abhängigkeit von Suchtmitteln, Verzweiflungsattacken, Selbstverletzungen, Selbstmordneigung sind die auffälligsten seelischen Belastungen; Konzentrationsstörungen, Merkprobleme und Zwänge sind auf der kognitiven Ebene zu beobachten; Probleme in Beziehungen erschweren das soziale Miteinander allgemein; und Schmerzsyndrome, Infektionsneigungen und Folterspuren hinterlassen offensichtliche körperliche Nachwirkungen …

Natürlich, nicht alle haben alles, aber rechnen wir damit, dass die Hälfte aller Geflüchteten mit derartigen Problemen ringen müssen – die entsprechenden Studien sind dazu eindeutig!

Was tun? Es ist bewundernswert, wie viele Menschen hierzulande sich auf den Weg zu diesen Neuankömmlingen gemacht haben und ihnen beistehen. Viele die kommen sind unendlich dankbar. Und doch brauchen sie auch viel. Vor allem SICHERHEIT! Sie brauchen es, dass man ihnen hilft, sich zurechtzufinden. Sie willkommen heißt und respektiert, dass sie ANDERS sind. Weil sie eben aus anderen Gegenden der Welt kommen. Ihnen hilft zu verstehen, wie die Regeln und Gesetze hier sind. Die allermeisten sind gern bereit, sich ihrem Gastland anzupassen. Doch ihre Probleme: ob sie bleiben können, was sie hinter sich haben, ihre quälenden Erinnerungen, ihre turbulenten Gefühle oder das innere und äußere Gelähmtsein und die Angst um die Angehörigen, die sie auch in Sicherheit wissen wollen … all das macht es ihnen schwer, sich aufs Hier und Jetzt zu konzentrieren. Daher brauchen sie Menschen, die sie begleiten. Die ihnen zeigen, wie man sich beruhigen kann, um in der Gegenwart Entscheidungen treffen zu können. Wie man verstehen kann, weshalb man so „anders" für die Menschen hier ist. Und vor allem: Warum man so anders in seiner Identität, seinem Wesen ist als man vor dem Krieg, vor der Verfolgung und vor der Flucht war.

Man war einmal – jetzt fühlen sich viele als nichts … Ein Geflüchteter. Eine Asylsuchende. Ein Wesen umströmt von fremden Reizen, innerlich noch zitternd und stets auf dem Sprung… Wie macht man so jemandem Mut? Begleitet sie und ihre Angehörigen in ein neues, für sie noch unbekanntes Leben? Einige Antworten finden sie hier.

Wenn wir es gut machen, geben wir Halt und Hoffnung. Was können wir also tun? Wo stoßen wir an Grenzen? Und was hilft uns, um mit den Belastungen adäquat umzugehen? Welche Regeln geben Sicherheit? Wie viele schlimme Erfahrungen sollte man sich erzählen lassen? Ist es gut, Geflüchtete von ihrem Heimatland berichten zu lassen, oder löst man damit schlimme Erinnerungen aus? Welche Übungen helfen, sich in der Gegenwart zu verankern und was soll man tun, wenn man selbst merkt, dass es fast zuviel wird?

Mit großem Sachverstand, Wärme und einer klar verständlichen Sprache beschreiben die AutorInnen, was sich bewährt hat und empfehlen einfache, pragmatische und wirklich lebbare und umsetzbare Verhaltensmöglichkeiten. Lesen Sie selbst! Dieses kleine Büchlein macht Mut und gibt Ihnen etwas Konkretes an die Hand – den AutorInnen gebührt der herzlichste Dank.

Kassel, Februar 2016
Michaela Huber

Diplom-Psychologin, approbierte Psychologische Psychotherapeutin und Supervisorin, Gründungsmitglied des Zentrums für Psychotraumatologie Kassel e. V. und 1. Vorsitzende der deutschen Sektion der International Society for the Study of Dissociation (ISSD e. V.), die im Jahr 2011 in „Deutsche Gesellschaft für Trauma und Dissoziation" (DGTD) umbenannt wurde.

Vorwort

Was ist ein Trauma? Um diese Frage umfassend zu beantworten und alle damit einhergehenden Phänomene zu beleuchten, braucht es Werke großer Komplexität, die es bereits in sehr hoher Qualität gibt. Dieses Buch richtet sich nicht an „Spezialisten“, sondern an „Laien“, also an Menschen, die ehrenamtlich oder hauptberuflich mit Geflüchteten arbeiten, aber (bislang) keine Ausbildung in „Psychotraumatologie“ haben. Unser Ansinnen ist es, Menschen zu unterstützen, die durch die Konfrontation mit dem Phänomen der Traumatisierung in ihrem (Arbeits-)Alltag nicht die Zeit oder den Raum haben, sich dem Thema in der eigentlich wünschenswerten Tiefe widmen zu können. In solchen Situationen braucht man möglichst schnell kurze, verständliche Antworten auf die Fragen: „Was ist das? Woran erkenne ich es? Wie kann ich mich sinnvoll dazu verhalten?“

Wenn wir uns hier dem Thema Traumatisierung im Kontext von geflüchteten Menschen nähern, so ist es uns wichtig, zu betonen, dass wir über allgemeine menschliche Phänomene reden. Es kann der Geflüchtete, aber genauso die Schwester, Tante, Nachbarin oder man selbst sein, der davon betroffen ist! Trauma ist ein globales und überkulturelles Phänomen, es ist in der Grundarchitektur menschlicher Psyche begründet: eine archaische Möglichkeit, den inneren psychischen GAU zu überleben.

In der Auswahl der Modelle und Theorien haben wir absichtlich die Praktikabilität und nicht die Vollständigkeit in den Vordergrund gestellt. Denn eine gute Theorie hilft, besser zu verstehen und zeigt auf, wie sich effektive Handlungs- und Interventionsmöglichkeiten ableiten lassen. In dieses Buch haben wir unser Wissen aus unserer therapeutischen, pädagogischen und wissenschaftlichen Arbeit einfließen lassen. Wir haben profitiert von den Erfahrungen unserer Schulungen zum traumasensiblen Umgang mit geflüchteten Menschen, bei denen wir auf die Vorarbeit der Kolleginnen im Psychosozialen Zentrum für Geflüchtete Düsseldorf aufgebaut haben. Einige Quellen benennen wir explizit im Text, anderes fließt implizit ein. Für alle, die mehr lesen oder lernen wollen, haben wir am Ende eine Liste mit den Büchern angehängt, die uns beeinflusst haben und die wir empfehlen möchten.

Fremd in der Fremde – eine Einleitung

Die besondere Lebenssituation geflüchteter Menschen und daraus resultierende Bedürfnisse

Geflüchtete Menschen befinden sich in einer sehr speziellen Lebenssituation, die in vielerlei Hinsicht herausfordernd ist. Sie sind in einer Lebensphase des Umbruchs und existenzieller Unsicherheit. Ein ganz wesentliches Thema ist Verlust.

Geflüchtete, die neu hier ankommen, haben meist alles hinter sich gelassen: Familie, Freunde, Nachbarn, die Schule oder den Arbeitsplatz – letztlich alles Vertraute und Bekannte. Eben die Situationen, Momente und Orte, an denen sie anderen Menschen etwas bedeuten; die ihnen einen sozialen Status und Anerkennung verleihen, an denen sie selbstverständlich teilhaben können und ihnen ganz selbstredend vermittelt: das ist mein Platz auf der Welt. Sie haben eine Flucht auf sich genommen, die meist mit bedrohlichen Erfahrungen einhergeht, oft mit hohen finanziellen Aufwendungen verbunden ist und deren Ausgang bis zuletzt ungewiss war.

Verlust

Hier angekommen, erleben sie gemischte Gefühle: Zu Beginn überwiegt sicher die Erleichterung, es geschafft zu haben, überlebt zu haben, erst einmal in Sicherheit zu sein. Die Hoffnung auf ein besseres Leben blitzt auf. Träume scheinen in greifbare Nähe zu rücken: die Familie nachzuholen, eine gute Arbeit zu finden, studieren zu können, eine bessere Zukunft für die Kinder zu ermöglichen. Viel zu oft folgen auf diese Erleichterung, Hoffnungen, Träume Ernüchterung und Enttäuschung …

Hoffnung

Und dann treffen sie auf eine andere Welt, eine fremde Welt. Solch ein Gefühl der Fremdheit kann allgegenwärtig sein. Sie sprechen eine andere Sprache, vielleicht können sie die Schrift nicht lesen. Vielleicht sehen sie anders aus als die Menschen hier und begegnen befremdeten Blicken auf der Straße. Der Alltag in der Fremde ist komplett neu, es lauern an jeder Ecke Unsicherheit, Unbehagen, Unwissen: Wie begrüßt man sich? Blickt man sich in die Augen oder nicht? Was ist höfliches Benehmen? Ganz viele Dinge, kulturelle Codes, die wir als „natürlich" wahrnehmen, die wir im Laufe unserer Aufwachsens oft implizit erlernen und die häufig gar nicht so leicht zu erklären und zu vermitteln sind, stellen sich als fremd und anders dar.

Alles ist anders

Viele Geflüchtete können dieser fremden, neuen Welt nicht unbelastet und neugierig begegnen, weil sie mit vielen Sorgen beschäftigt sind. Die Sorge um die Menschen, die sie zurückgelassen haben, zehrt an ihnen. Vielleicht haben sie es geschafft, sind angekommen, aber die Familie ist noch unter schwierigsten Bedingungen in einem Flüchtlingslager oder irgendwo unterwegs. Vielleicht ist der älteste Sohn nun hier, aber weiß, dass die Mutter und die Geschwister noch in Afghanistan sind, in Gefahr, dass sie nicht genug zu essen und keine Medikamente haben. Eigentlich müsste er sie unterstützen, aber er hat erst einmal nicht die Möglichkeit dazu. Das verursacht Schuldgefühle. Vielleicht sind Angehörige zu Tode gekommen. Die Frage: „Warum habe ich überlebt und andere nicht?" kann quälend sein.

Sorge um die Angehörigen

Dazu kommen die Sorgen der aktuellen Lebenssituation. Kann ich hierbleiben, oder werde ich wieder abgeschoben? Vielleicht lebe ich in einer Sammelunterkunft und erlebe immer wieder, wie andere Menschen abgeholt und zurück geschickt werden. Gefühle der Unsicherheit entstehen und Perspektiv- und Hoffnungslosigkeit machen sich breit. Wie wird es weitergehen? Darf ich arbeiten? Kann ich die Familie versorgen? Die Zukunft ist häufig über lange Zeit ungewiss, und die Gegenwart in den Unterkünften lässt einen nicht zur Ruhe kommen.

Sorgen um die aktuelle Lebenssituation

Versetzen Sie sich für einen Moment in diese Situation: Stellen Sie sich ernsthaft vor, aus irgendeinem Grund hätten Sie alles hinter sich lassen müssen und in ein fremdes Land fliehen müssen. Ein Land, mit einer Kultur, die Ihnen nicht vertraut ist, wo Sie weder die Sprache noch das Schriftsystem kennen. Stellen Sie sich vor, Sie müssen unter den widrigsten Bedingungen zu einer Reise in diese Ungewissheit aufbrechen und sich dort zurechtfinden. Wie würde es Ihnen gehen? Was würden Sie sich wünschen?

Wie würde es Ihnen gehen?

Wenn wir diese Fragen bei Schulungen zum traumasensiblen Umgang mit geflüchteten Menschen für Fachkräfte und Ehrenamtliche stellen, erhalten wir sehr differenzierte Antworten, die unseres Erachtens die Vielschichtigkeit der Situation und der Bedürfnisse der Geflüchteten sehr gut spiegeln. Wir können uns gut vorstellen, dass Menschen in so einer Situation des Umbruchs, der Fremdheit und der Unsicherheit ambivalente Gefühle haben. So wünschen wir uns Menschen, mit denen wir uns verständigen können. Wir wünschen uns ein Gegenüber, das uns versteht und respektiert. Jemanden, der uns Orientierung und Unterstützung in dieser neuen Lebenssituation bietet. Gleichzeitig wollen wir unsere Autonomie nicht verlieren, in unseren Entscheidungen respektiert werden. Wir brauchen Raum für unsere Trauer, aber gleichzeitig konkrete Möglichkeiten für einen Neubeginn: nämlich Kraft und Mut, um die Vergangenheit zu bewältigen und für die Herausforderungen der Zukunft gewappnet zu sein.

Vielschichtige Bedürfnisse

Geflüchtete Menschen befinden sich in einer emotional vielschichtig herausfordernden Umbruchsituation. Diese Situation wäre für jeden von uns verunsichernd und belastend – Überforderung, Vorsicht und Angst sind somit angemessene Reaktionen auf die Situation. In diesem Buch wollen wir vermitteln, wann aus einer existenziellen Herausforderung eine „behandlungsbedürftige psychische Erkrankung“ – wenn man es so nennen möchte – wird, wann von einer Traumatisierung auszugehen ist und wie eine adäquate erste Hilfe aussehen kann.

Eine emotional herausfordernde Situation

Folglich beschäftigt sich das Buch im ersten Teil ganz allgemein mit dem Phänomen „Trauma“ und versucht Antworten auf folgende Fragen zu geben: Was ist ein Trauma, wie entsteht es, und wie wirkt es sich aus? Woran kann ich merken, ob jemand, den ich betreue, traumatisiert sein könnte? Was sind typische Symptome? Und wie kann ich mich bei einer Traumatisierung sinnvoll verhalten? Was kann ich tun und was sollte ich vermeiden? Im zweiten Teil gehen wir im Speziellen auf traumatisierte Geflüchtete ein, indem wir Ihnen basale Hintergrundinformationen anbieten: Wie muss ich für den Erstkontakt vorbereitet sein? Wie kann ich stabilisierend und ressourcenorientiert vorgehen? In einem dritten Teil möchten wir Ihnen anhand von sechs trauma pädagogischen Empfehlungen konkrete Handlungsanregungen an die Hand geben, wie Sie in ihrem beruflichen oder ehrenamtlichen Alltag mit Geflüchteten agieren können. Und in einem vierten abschließenden Teil geht es um Selbstfürsorge, damit auch Sie sich vor Belastungen oder sogenannten Sekundärtraumatisie rungen schützen können. Denn das große Anliegen diese kleines Büchlein ist es, Sie für Ihre wichtige Arbeit zu stärken und zu ermutigen!

Überblick

Hückeswagen, Februar 2016
Dima Zito und Ernest Martin

Teil I
Trauma – vom Drang der Seele, wieder ganz zu werden

Wir Menschen erweitern ständig unser Bild von uns selbst und von der Welt. Mit jeder neuen Erfahrung, die wir machen, verändert sich dieses Bild. Das können ganz große und besondere Dinge sein wie die erste Liebe oder das abgeschlossene Studium. Aber auch ganz kleine alltägliche Dinge wie die neue Imbissbude an der Ecke oder ein Gespräch am Frühstückstisch. Jegliche Momente und Erfahrungen erweitern unsere innere Landkarte, unser Bild von der Stadt und uns selbst. Es ist unsere natürliche Tendenz, alles, was wir erleben, zu integrieren. Man kann sich das vorstellen wie eine Blüte. Mit jeder neuen Erfahrung kommt ein weiteres Blütenblatt hinzu, wird eingeordnet an der richtigen Stelle in der Blüte unseres Lebens.

Tendenz zur Integration

Vor diesem Hintergrund ist ein Trauma eine Erfahrung, die so anders, so different zu allem anderen, was wir bisher erlebt haben, ist, oder so unerträglich, dass sie sich erst einmal nicht in unser Bild von uns selbst, von der Menschheit und der Welt integrieren lässt. Es findet sich einfach kein Platz für dieses Blütenblatt. Aber da wir diese natürliche Tendenz zur Integration haben, will auch diese Erfahrung integriert werden. Und so kommt es, dass das Blütenblatt sozusagen weiter um die Blüte herum kreist und einen Platz sucht. Wir finden, dass dieses Bild der Blüte und des Blütenblattes, das integriert werden möchte, ganz gut die Symptomatik einer Traumatisierung beschreibt. Aber dazu später mehr.

Jede Erfahrung sucht ihren Platz

Man kann ein Trauma natürlich auch wissenschaftlich definieren. Nach dem ICD 10 (**I**nternational Statistical **C**lassification of **D**iseases and Related Health Problems), der internationalen Klassifizierung von Krankheiten der Weltgesundheitsorganisation, bedeutet ein Trauma einem „belastenden Ereignis oder einer Situation mit außergewöhnlicher Bedrohung oder katastrophalem Ausmaß ausgesetzt zu sein, die bei fast jedem eine tiefe Verstörung hervorrufen würde“ (ICD 10, F 43.1)

Definition im ICD 10

Das DSM V (Abkürzung für die fünfte Auflage des Diagnostic and Statistical Manual of Mental Disorders, englisch für „diagnostischer und statistischer Leitfaden psychischer Störungen“, dem Diagnosemanual der amerikanischen psychiatrischen Vereinigung, das auch

Definition im DSMV

hierzulande verwendet wird) beschreibt, dass ein Trauma auf verschiedenen Ebenen ausgelöst werden kann. Die Betroffenen sind durch einen oder mehrere der unten genannten Wege mit dem (tatsächlichen oder angedrohten) Tod, schwerwiegenden Verletzungen oder sexualisierter Gewalt konfrontiert (DSM V, 309.81):

- Sie haben ein Schreckensszenario am eigenen Leibe erfahren müssen;
- sie waren als Zeuge unmittelbar betroffen, als einem anderen Menschen etwas Schreckliches zugestoßen ist;
- sie erfahren, aus zweiter Hand, dass einem geliebten Menschen etwas Lebensbedrohendes widerfahren ist;
- Und wenn Menschen sich immer wieder mit Details traumatisierender Ereignisse konfrontieren, kann das auch Traumafolgestörungen auslösen. Dabei geht es nicht um Fernsehberichte, sondern um den kontinuierlichen direkten Kontakt mit traumatisierten Menschen und deren Schilderungen ihrer Erlebnisse. Wenn wir uns empathisch anhören, was ein anderer Mensch erlebt hat, wenn wir uns bildlich vorstellen, was er schildert und wir emotional mitschwingen – und das tun wir durch unsere Spiegelneuronen – dann kann sich das traumatische Erleben auf uns übertragen. Deshalb ist es so wichtig, dass wir in der Arbeit mit traumatisierten Menschen gut auf uns achten, für Selbstschutz und Entlastung sorgen, damit wir bei Kräften bleiben. Aus diesem Grund ist bereits hier sinnvoll, auf den 4. Teil „Schutz vor eigenen Belastungen" hinzuweisen.

Sekundärtraumatisierung

Das Wesentliche bei einem Trauma ist nicht nur das Ereignis an sich, sondern wie wir darauf reagieren. Im Lehrbuch der Psychotraumatologie heißt es, ein Trauma ist „das vitale Diskrepanzerleben" (also die Kluft) „zwischen bedrohlichen Situationsfaktoren und den individuellen Bewältigungsmöglichkeiten, das mit Gefühlen von Hilflosigkeit und schutzloser Preisgabe einhergeht und so eine dauerhafte Erschütterung von Welt- und Selbstverständnis bewirkt." (Fischer/Riedesser 2009, S. 84)

Überforderung der Bewältigungsmöglichkeiten

1 Was passiert in einer traumatischen Situation?

1.1 Was unser Überleben sichert – „normale" Stressreaktion und traumatischer Stress

Unser Körper ist darauf ausgelegt, unser Überleben zu sichern. In einer Situation, die wir als bedrohlich bewerten, schalten sich blitzschnell archaische Überlebensprogramme ein. Bei der so genannten „Kampf-Flucht-Reaktion" (Cannon 1932) wird Energie mobilisiert, um die Bedrohung zu bewältigen. Das kennen wir alle:

Angstreaktion

Wenn ich abends in der Dämmerung alleine im Park spazieren gehe und plötzlich ein komisches Knacken im Gebüsch höre, beschleunigt sich mein Herzschlag, der Blutdruck steigt, und ich bin alarmiert. Der Körper reagiert, bevor ich überhaupt einen Gedanken in meinem Kopf fassen kann. Dafür sorgen weit jenseits meines Bewusstseins mein Hirnstamm und andere entwicklungsgeschichtlich sehr alte Teile des Gehirns (vgl. Handke/Görges 2012). Wenn ich die Situation bewältigt habe, wenn ich die Energie, die ausgeschüttet wurde, genutzt habe, um schnell wegzulaufen oder gegen einen Angreifer zu kämpfen, oder wenn ich mich umgedreht habe und festgestellt habe, dass es nur ein Kaninchen im Gebüsch ist, dann kann ich mich wieder erholen. Der Herzschlag beruhigt sich langsam, die Atmung wird ruhiger, ich habe vielleicht noch eine Weile zitternde Knie, aber dann komme ich zur Ruhe. Diese unmittelbare, blitzschnelle körperliche Reaktion ist sinnvoll, weil ich in einer akuten Bedrohungssituation sofort reagieren muss und nicht die Zeit habe, erst einmal darüber nachzudenken.

Archaische Angstreaktion des Körpers

1.2 Das Feuerwerk im Gehirn – hirnphysiologische Korrelate

In unserem Gehirn und unserem Körper passieren bei einer solchen Stressreaktion gleichzeitig viele Dinge. Es wird eine ganze Reihe von Hormonen ausgeschüttet wie etwa Adrenalin, Noradrenalin und das Stresshormon Cortisol. Der Organismus wird schnell mit Sauerstoff und Glukose versorgt, die Herz- und Atemfrequenz erhöhen sich und die Muskelspannung nimmt zu, sodass der Körper seine Energien direkt reaktiv in hilfreiche Handlungsweisen wie Flucht und Verteidigung umwandeln kann. Da in der Entwicklungsgeschichte der Menschheit Bedrohungen in der Regel physischer Natur waren, reagiert unser Körper bis heute auf

Energie wird bereitgestellt

jede Art von Stress, also auch psychischen Stress, in dieser Weise. Diese Reaktionsform hat sich manifestiert, weil sie letztlich das Überleben der Menschheit gesichert hat.

Traumatische Zange

Was geschieht nun beim traumatischen Stress? Auch hier gibt es eine extreme Bedrohungssituation, aber im Unterschied zu der oben beschriebenen „normalen Stressreaktion" stellt sich diese Situation eben nicht als „harmlos" heraus, und sie lässt sich weder durch Kampf noch durch Flucht bewältigen. So ergibt sich eine Art „traumatische Zange" (Huber 2003). In einer solchen Situation reagieren wir Menschen häufig mit einer dritten archaischen Reaktionsform: der Erstarrung, dem sogenannten „Freeze"-Zustand, in dem sprichwörtlich alle möglichen Reaktionen eingefroren sind. Dieser menschliche Totstellreflex ist auch Tieren gemein. Vielleicht wurden Sie auch schon Zeuge, dass eine scheinbar leblose Maus aufsteht und wegrennt, nachdem sie aus der Gefangenschaft einer Katze befreit wurde?

Dissoziation

Bei Menschen kommt es in traumatischen Situationen oft zur Dissoziation. Das ist ein neurobiologischer Schutzmechanismus: die innerliche Distanzierung von einer Bedrohung, der Rückzug aus einer unerträglichen Realität. Wenn ich mich einem Schreckensszenario nicht real durch Kampf oder Flucht entziehen kann, entziehe ich mich innerlich. Dadurch ändert sich allerdings auch die Realitätswahrnehmung. Oftmals entsteht das Gefühl, man stünde neben sich und nähme eine beobachtende Außerperspektive wahr. Die Situation kann irreal wirken, wie im Film oder wie in Zeitlupe.

Die Anspannung bleibt

Gleichzeitig kann all die Energie, die dazu dienen sollte, die Bedrohung zu bewältigen, nicht abgeführt werden. Die extreme physische wie psychische Anspannung, das Hochgefahrensein bleibt im Körper gespeichert, da es nicht durch Kampf oder Flucht ausagiert werden konnte. Das führt zu einem dauerhaft erhöhten Stresslevel und somit zu einigen der Traumasymptome (dazu mehr bei der Symptomatik einer Traumatisierung S. 34).

Außerdem macht genau der neurobiologische Schutzmechanismus der Dissoziation es im Nachhinein schwieriger, die Situation einzuordnen und zu verarbeiten. Durch die spezielle Art, wie das

Hirn unter traumatischem Stress arbeitet, ist die Wahrnehmung fragmentiert.

Inzwischen kann man durch bildgebende Verfahren nachweisen, dass unter traumatischem Stress bestimmte Bereiche im Gehirn besonders aktiviert sind, während andere heruntergefahren werden. Dabei sind zwei Hirnareale besonders wichtig: Der Hippocampus ist so etwas wie der „autobiografische Schreiberling". Dieser Hirnbereich ordnet Erlebnisse örtlich, zeitlich und inhaltlich in den autobiografischen Kontext ein. Unter traumatischem Stress ist der Hippocampus heruntergefahren. Er braucht Ruhe, um arbeiten zu können. Das ist sinnvoll, denn in einer Situation, in der alle Energie für das unmittelbare Überleben benötigt wird, bleibt kein Raum für diese Arbeit der kontextuellen Einordnung. Die Informationen aus der Situation bleiben unverarbeitet im Hippocampus gespeichert. Wenn alles gut läuft, legt er sie zu einem späteren Zeitpunkt dem Kortex vor, dem sogenannten Großhirn, sodass die Erfahrung dann verarbeitet und als Vergangenheit gespeichert werden kann. Doch genau das funktioniert bei einer Traumatisierung häufig nicht.

Situation wird nicht als vergangen abgespeichert

Des Weiteren ist in einer traumatischen Situation auch die Amygdala extrem aktiviert. Sie bildet zusammen mit dem Hippocampus das limbische System, eine Hirnstruktur, die man als „Schaltzentrale der Emotionen" bezeichnen könnte. Die Amygdala ist mit sehr vielfältigen Aufgaben betraut und wertet u.a. Reize unter dem Gesichtspunkt der Bedrohlichkeit bzw. Gefahrenabwehr aus, um uns beim nächsten Mal zu warnen. Sie ist in dieser Hinsicht eine Art Alarmzentrum in Gefahrensituationen. Auch sie möchte unserem Überleben dienen. Ihre Aufgabe ist es unter anderem, alles, was im Umfeld einer bedrohlichen Situation passiert, als gefährlich zu etikettieren, damit wir beim nächsten Mal rechtzeitig gewarnt sind. So lernt zum Beispiel das kleine Kind, das auf die heiße Herdplatte gefasst hat, seine Hände künftig bloß nicht mehr in gefährliche Nähe zu bringen. In einer traumatischen Situation ist die Amygdala aber überaktiviert. Sie speichert jede Menge Details im Umfeld der traumatischen Situation und verleiht ihnen das Siegel *lebensgefährlich*. Und das betrifft nicht

Das Alarmzentrum ist überaktiviert

unbedingt nur die Dinge, die tatsächlich gefährlich sind. Es können Sinneswahrnehmungen wie Gerüche, Geschmäcker, Laute oder Lieder sein, es können aber auch Kleidungsstücke, räumliche Gegebenheiten oder Accessoires sein; letztlich alles, was zu diesem Zeitpunkt wahrgenommen wird. Solche Details, die als „gefährlich" gespeichert wurden, lösen künftig eine Alarmreaktion aus.

Erinnerung als Spiegel

Die spezielle Arbeitsweise des Gehirns unter traumatischem Stress führt dazu, dass die Erfahrungen schlecht eingeordnet werden können. Dem Gehirn stehen keine Eingliederungsmechanismen zur Verfügung, die auf ähnliche Erfahrungswerte rekurrieren. Eine *un*kritische Situationist in mir abgebildet, verankert, gespeichert wie eine Art Spiegelbild der Situation. Wenn ich mich zum Beispiel an eine Party am vergangenen Wochenende erinnere, kann ich mich vielleicht daran erinnern, wie voll, eng und heiß es in dem Raum war, wie das Licht auf der Tanzfläche geflackert hat, wie laut die Musik war, wie dieser Salat vom Büffet geschmeckt hat, mit wem ich mich worüber unterhalten habe, ob ich mich wohl oder unwohl gefühlt habe und so weiter. Bilder, Emotionen,

Geräusche, Gerüche, Körperempfindungen, Gedanken sind als ‚ganzes zusammenhängendes Bild' in mir gespeichert, der Ablauf des Abends als kohärente Geschichte abrufbar.

Zersplitterte Erinnerungen

Bei traumatischen Erfahrungen sind die Sinneseindrücke, Gedanken, Gefühle vereinzelt und bruchstückhaft, die Situation ist wie ein „zerbrochener Spiegel" gespeichert. Möglicherweise ist die Erinnerung an ein Geräusch ist sehr eindringlich, aber es fehlt das Bild. Oder es dringt stets der Beginn einer Situation ins Bewusstsein, aber ihr Ausgang scheint vergessen (siehe Abbildung „Zerbrochener Spiegel", S. 26). Sollte es möglich werden, eines Tages diese Fragmente wieder zu einem Bild zusammenzufügenund als verarbeitete Vergangenheit abgespeichert werden können, trägt das wesentlich zur Heilung bei.

1.3 Von „Man-made-Disastern" und anderen Katastrophen – Traumatypen

Für die Verarbeitung macht es einen großen Unterschied, was eigentlich passiert ist. Es gibt eine Unterscheidung von Traumatypen. Traumata vom Typ I entstehen aufgrund von Geschehnissen, die plötzlich, unvorhersehbar und unbeabsichtigt eintreten, wie z.B. Unfälle oder Naturkatastrophen. Typ II-Traumata hingegen sind Ereignisse, die Menschen bewusst anderen Menschen antun, wie zum Beispiel Gewalt, Folter oder Vergewaltigung. Diese Erfahrungen, sogenannte „Man-made-Disaster", sind deutlich schwieriger zu verarbeiten, da sie das Vertrauen in die Welt und in andere Menschen grundlegend erschüttern. Besonders gravierend sind Beziehungstraumata: Durch Menschen, die einem besonders nahestehen und gewalttätig werden, wird dieses Vertrauen besonders tief geschädigt.

Menschengemachte Traumata erschüttern das Vertrauen

Wenn wir uns ansehen, welche Erfahrungen Menschen vor oder während einer Flucht machen, so sind das sehr häufig Typ II-Traumata. Viele Geflüchtete haben extreme Gewalt in den Herkunftsländern erlebt: So stammen die meisten von ihnen aus Ländern, in denen sie Krieg, politische Verfolgung und manchmal

Frauen sind besonders betroffen

auch Folter erlebt haben. In vielen Regionen gibt es darüber hinaus massive Gewalt gegen Frauen und Mädchen. In nahezu allen bewaffneten Konflikten kommt es zu systematischen Vergewaltigungen. In manchen Gegenden werden Frauen und Mädchen verschleppt und versklavt. In anderen Regionen werden sie Opfer von Beschneidung, Zwangsheirat oder Zwangsprostitution.

Traumata wirken weiter

In Gegenden, in denen bewaffnete Konflikte oder Kriege beendet sind, kehrt nicht automatisch Frieden ein. Die Menschen der Nachkriegsgesellschaften sind geprägt von den gewaltvollen Erfahrungen, die häufig lange fortwirken. Außerdem geben Eltern ihre Traumata an ihre Kinder weiter, das weiß man unter anderem aus den Forschungen mit Holocaustüberlebenden. Und auch in Ländern, die als „sichere Herkunftsstaaten" klassifiziert werden, können Dinge geschehen, die traumatisierend sind und ein Weiterleben in der Situation unmöglich machen. Chronische Marginalisierung, Pogrome, die ständige Gefahr drohender Übergriffe, wie sie zum Beispiel viele Roma in den Balkanstaaten erleben, haben häufig Traumata zur Folge.

Belastungen auf der Flucht

Das Entscheidende aber ist: Die potenziell traumatischen Situationen enden nicht mit dem Verlassen der Herkunftsstaaten, sondern – sie entstehen erst während der Flucht oder es kommen noch weitere hinzu. In den Transitländern, beim Durchqueren von Wüsten und Gebirgen erleben Flüchtende häufig Lebensgefahr, Überfälle, Gewalt. In manchen Ländern wie Libyen werden sie inhaftiert oder gar gefoltert – das berichten unsere KlientInnen immer wieder. Es gibt kein Visum zur Asylantragstellung, und ohne ein Visum können sie kein Flug- oder Fährticket kaufen. Sie müssen die lebensgefährliche Fahrt über das Mittelmeer in Kauf nehmen, und zwar wortwörtlich. Wir alle kennen die Bilder aus den Medien. Unsere KlientInnen berichten uns häufig, dass sie auf kleinen, unsicheren und überfüllten Booten im Meer trieben, ohne Trinkwasser mit der Angst zu verdursten oder zu ertrinken, wie sie es manchmal auch mitansehen mussten. In Europa angekommen, werden die Bedrohungssituationen kaum weniger. In manchen Ländern müssen sie auf der Straße leben, in anderen Ländern werden sie sogar inhaftiert. Geflüchtete berichten uns immer wieder, wie sie von Sicherheitskräften bedroht, geschlagen und misshandelt wurden. Die Menschen, die bei uns Zuflucht suchen, haben also oft nicht nur eine potenziell traumatische Situation erlebt, sondern es haben sich viele Dinge, häufig über eine lange Zeit akkumuliert.

Trennung von Angehörigen

Und in vielen Fällen möchten Eltern ihre Kinder nicht mit auf diese gefährliche Reise nehmen. Oft machen sich die Familienväter oder die ältesten Söhne alleine auf den Weg, in der Hoffnung, ihre Angehörigen später auf sichere Weise nachholen zu können. Für die Kinder bedeutet dies die Trennung von ihren Bezugspersonen, eine Trennung von ungewisser Dauer und Ausgang, während sie unter meist widrigen Bedingungen in Flüchtlingslagern oder im Kriegsgebiet auf ein Wiedersehen warten.

2 Wie entstehen Traumafolgestörungen? – Die Stimmen aus dem Gestern hallen ins Jetzt …

2.1 Der Sturm und das Fundament – das Zusammenwirken von Ereignis-, Schutz- und Risikofaktoren

Ein traumatisches Ereignis führt nicht automatisch dazu, dass Menschen längerfristige „Traumafolgestörungen" entwickeln. Ereignisse finden in einem sozialen und biografischen Zusammenhang statt, der häufig entscheidend ist. Das Zusammenwirken von Ereignis-, Schutz- und Risikofaktoren bedingt, ob Menschen extrem bedrohliche Ereignisse verarbeiten und integrieren können.

Ereignisfaktoren

Der Ereignisfaktor fragt, was eigentlich passiert ist. Was ist vorgefallen? Gab es eine oder mehrere bedrohliche Situationen? Waren die Bedrohungen von kurzer oder langer Dauer? Unterschiedliche Ereignisse haben unterschiedlich schwere Auswirkungen. Während zum Beispiel nach Unfällen ungefähr 7 Prozent der Betroffenen eine Traumafolgestörung entwickeln, liegt die Traumatisierungsrate bei Vergewaltigung bei über 50 Prozent (Kessler et al. 1995).

Soziale Unterstützung als Schutzfaktor

Aber es ist eben nicht das Ereignis alleine. Es gibt Schutzfaktoren, die dazu beitragen, dass Menschen auch extrem gravierende Bedrohungserfahrungen verarbeiten können. An erster Stelle steht hier die soziale Unterstützung. Es ist sehr wesentlich, was nach einem Ereignis geschieht. Sind andere Menschen da, werde ich aufgefangen und unterstützt, erfahre ich Trost und Verständnis? Oder bin ich getrennt von meinen Bezugspersonen, werde ich gar ausgegrenzt, isoliert? Die Familie, Freunde, das Umfeld können sehr viel dazu beitragen, dass Menschen traumatische Ereignisse verarbeiten und überwinden können.

Es gibt einige persönliche Fähigkeiten und Haltungen, die dabei helfen, traumatische Erfahrungen zu verarbeiten. So sind eine positive Lebenseinstellung und aktive Bewältigungsstrategienhäufig dienlich. Besondere Begabungen oder Interessenwie Intelligenz, Kreativität oder Religiosität können auch schützen. Ein weiterer, sehr wesentlicher Schutzfaktor ist „Kohärenz" (vgl. Antonovsky 1979). Wenn es mir gelingt, auch schrecklichen Ereignissen einen Sinn zu verleihen, sie sinnhaft in mein Leben zu integrieren, dann kann ich sie eher bewältigen. Bei Geflüchteten oder Überlebenden von Folter erleben wir immer wieder, dass ihnen bei der Bewältigung von Traumata eine aufklärende Haltung bzw. der Wunsch nach Verantwortungsübernahme hilft:

Schützende persönliche Haltungen

„Ich möchte dazu beitragen, dass solche Dinge nicht mehr auf der Welt geschehen. Ich möchte anderen Menschen helfen, die in einer so schrecklichen Situation sind, wie ich es war. Ich möchte das weitergeben, was ich erlernt und erreicht habe."

Diese Haltung stiftet Sinn, indem sie den Wunden eine zukünftige Aufgabe verleiht. Somit können diese unmenschlichen Schreckensszenarien auch eher in die eigene Biografie integriert werden.

Und dann gibt es noch die Risikofaktoren. Je jünger ein Mensch ist, desto weniger Fähigkeiten und Ressourcen konnte er entwickeln und ansammeln; je älter ein Mensch, desto mehr Abwehr- und Verteidigungsmechanismen stehen zur Verfügung. Nach dem gleichen Prinzip akkumulieren sich freilich auch Belastungen, mit den entsprechenden Konsequenzen: Je mehr belastende Erfahrungen ein Mensch gemacht hat, desto weniger kann er möglichweise weitere Schicksalsschläge verkraften. Und natürlich wirken sich auch die aktuellen Lebensbedingungen aus. Sind diese

Belastungen akkumulieren sich

unsicher, risikoreich, stressgeladen, ist ein Mensch dauerhaft überfordert, dann kann er traumatische Erlebnisse nur schwer verarbeiten.

Insgesamt lässt sich festhalten: Je stabiler die Persönlichkeit und die soziale Situation sind, desto eher kann ein Mensch ein traumatisches Ereignis verarbeiten und integrieren. Je fragiler jedoch die Ich-Struktur und die Lebenssituation sind, desto eher wird sie unter traumatischem Stress zerbrechen.

2.2 „Normale Reaktionen auf unnormale Ereignisse" – die Posttraumatische Belastungsstörung (PTBS)

Die Diagnose PTBS

Wenn nun Ereignis-, Schutz- und Risikofaktoren ungünstig zusammenwirken, ist die häufigste Traumafolge die sogenannte „Posttraumatische Belastungsstörung". Diese Diagnose wurde 1980 zum ersten Mal als psychische Krankheit in das amerikanische psychiatrische Diagnose-Manual DSM aufgenommen. Menschen haben immer schon mit diesen Symptomen auf extrem bedrohliche oder „traumatische" Ereignisse reagiert – zum Beispiel während und nach dem Ersten und Zweiten Weltkrieg –, aber sie wurden häufig als Simulanten oder Neurotiker abgetan. Erst als Tausende traumatisierter Soldaten aus dem Vietnamkrieg in die USA zurückkehrten, wurde dieses Syndrom systematisch erforscht und als Krankheit anerkannt.

„Werde ich verrückt?"

Es ist gewiss diskussionswürdig, ob es wirklich „krank" ist, auf schreckliche, bedrohliche Erlebnisse mit Verstörung und einer „dauerhaften Erschütterung des Selbst- und Weltbildes" zu reagieren. In gewisser Weise ist dies auch eine „normale Reaktion auf unnormale Ereignisse" (Huber 2003). Manche Menschen empfinden es als beschämend oder kränkend, als „psychisch krank", gar „verrückt" angesehen zu werden. Gleichzeitig kann diese Diagnose aber eine große Entlastung sein. Menschen, die unter einer Traumatisierung leiden, wissen ja nicht automatisch, dass sie eine „Posttraumatische Belastungsstörung" haben. Häufig können sie sich gar nicht erklären, was mit ihnen los ist. Sie bemerken nur, dass sie panisch und irrational in Situationen reagieren, in denen es gar nicht angemessen ist, dass sie völlig außer sich geraten, dass sie von Bildern überflutet werden…

Information hilft

Für diese Menschen kann es enorm entlastend sein, die Zusammenhänge zu begreifen, ihre Symptome einordnen zu können. Dazu sind Informationen nötig; in Fachkreisen nennt sich das auch „Psychoedukation". Und das Wichtigste ist: Es muss nicht so bleiben. Inzwischen wurde eine ganze Reihe von Therapieverfahren entwickelt, mit denen eine Posttraumatische Belastungsstörung behandelt werden kann. Schwere Traumafolgestörungen heilen nicht von selbst, aber gute Therapien können viel zur Heilung beitragen.

Abschiebeschutz aus humanitären Gründen

Bei traumatisierten Geflüchteten ist noch ein weiterer Punkt wichtig: Auch wenn das Asylverfahren negativ entschieden wurde, keine Flüchtlingseigenschaft anerkannt wurde, kann es möglich sein, einen Abschiebeschutz aus humanitären Gründen zu bekommen. Dies kann unter anderem der Fall sein, wenn man an einer schweren Erkrankung leidet, die im Herkunftsland nicht behandelt werden kann und eine Abschiebung Gefahr für Leib und Leben bedeuten würde. Das ist auch bei einer schweren psychischen Erkrankung möglich. Um einen solchen Abschiebeschutz zu erwirken, ist es meist notwendig, sehr umfangreiche und fundierte fachärztliche oder psychologische Stellungnahmen in das Aufenthaltsverfahren einzureichen, in denen genau dargestellt wird, von welchen Erlebnissen ein Mensch berichtet, welche Symptome er hat, worauf diese schlüssig zurückzuführen sind, welche Behandlung er benötigt, was passieren würde, wenn er diese Behandlung nicht erhält und wenn er zwangsweise in das Herkunftsland zurückgebracht würde. Es gibt „Standards zur Begutachtung psychotraumatisierter Menschen in aufenthaltsrechtlichen Verfahren". Hilfreiche Hinweise und umfangreiche Materialien finden Sie auf der Internetseite www.sbpm.de (Stand 23.01.2024).

2.3 Symptome einer Posttraumatischen Belastungsstörung

Bei einer Posttraumatischen Belastungsstörung haben Menschen Symptome aus den folgenden drei Bereichen:

- der erhöhten angstbedingten Erregung,
- dem Wiedererleben und
- der Vermeidung.

Wenn Sie diese Symptome bei einem geflüchteten Menschen erleben, den Sie unterstützen, kann dies ein Hinweis sein, dass er traumatisiert sein könnte.

Hinweise auf eine Traumatisierung

Natürlich haben die wenigsten Menschen jedes einzelne der unten beschriebenen Symptome. Manche neigen eher zu Rückzug und Vermeidung, bei anderen steht das Hochgefahrensein im Vordergrund. Oder sie pendeln unkontrolliert zwischen belastendem Wiedererleben und verzweifelter Vermeidung hin und her. Um eine Posttraumatische Belastungsstörung zu diagnostizieren, ist es nach dem DSM V oder dem ICD 10 notwendig, dass jeweils eine bestimmte Anzahl von Symptomen aus den jeweiligen Bereichen vorliegt. Im Übrigen stellen die beiden Diagnosemanuale deutlich unterschiedliche Kriterien vor, damit die Diagnose PTBS vergeben werden kann. Dies sei nur erwähnt, um die scheinbare Objektivität und Einheitlichkeit solcher Diagnoseinstrumente zu relativieren. Aber Ihre Aufgabe ist es nicht, eine Diagnose zu erstellen. Es geht lediglich darum, dass Sie Hinweise auf eine mögliche Traumatisierung wahrnehmen können, dass Sie darauf gut reagieren und nach Möglichkeit fachliche Hilfe hinzu holen können.

Hyperarousal – erhöhte angstbedingte Erregung

In einer Bedrohungssituation werden Stresshormone ausgeschüttet, alles im Körper wird hochgefahren. Unter traumatischem Stress kann diese Energie nicht abgeführt werden, um die Situation zu lösen. Die Anspannung bleibt sozusagen im Körper gespeichert, dies führt zu einem dauerhaft erhöhten Stresslevel. Dadurch ist ein traumatisierter Mensch stressanfälliger. In Ansätzen ist dieser Zustand uns allen vertraut: unausgeschlafen und überarbeitet reagieren wir schneller überfordert und gereizt auf neue Anforderungen. Traumatisierte Menschen sind häufig angespannt, ständig wachsam, extrem schreckhaft. Sie sind vielleicht dauerhaft alarmiert, ständig in Erwartung neuer Gefahren. Manche wirken unruhig, nervös, rutschen auf ihrem Stuhl hin und her oder kneten ständig ihre Hände. Andere reagieren reizbar oder mit Wutausbrüchen. Sie schreien die Kinder an, wenn diese beim Spielen laut werden, und erschrecken sich dann vor sich selbst, weil sie so etwas früher nicht getan haben. Oder Kinder erleben Angstzustände, reagieren unbeherrscht und der aktuellen Situation unangemessen, schreien oder prügeln sich bei nichtigen Anlässen. Durch die Anspannung schlafen traumatisierte Menschen meist sehr schlecht. Sie finden abends kaum zur Ruhe und schrecken nachts oft auf. Außerdem können sie sich schlecht konzentrieren. Das wirkt sich auch auf das Lernen, zum Beispiel im Deutschunterricht aus. Merkleistungen erfordern nun mal Konzentration! Folglich fallen traumatisierte Kinder und Jugendliche häufig in ihren schulischen Leistungen ab.

Dauerhaft erhöhter Stresslevel

Intrusionen – Wiedererleben

Durch die spezielle Arbeitsweise des Gehirns bei traumatischem Stress konnte das Erlebte nicht verarbeitet und als Vergangenheit abgespeichert werden. Gleichzeitig haben wir ja die bereits erwähnte Integrationstendenz: Unsere Psyche will eigentlich alles verarbeiten und heilen. Sie will Ganzheit und Kohärenz herstellen. Wenn wir etwas erlebt haben, was wir in der Situation selbst nicht verarbeiten konnten, bleibt es im Hippocampus gespeichert. Dieser legt das unverarbeitete Erinnerungsmaterial zu einem späteren Zeitpunkt immer wieder dem Großhirn vor, damit es dann verarbeitet und integriert werden kann. Auch diese Tendenz kennen wir alle. Wenn wir einen vollen, anstrengenden Tag hatten, wenn uns ein ungelöster Konflikt beschäftigt, werden wahrscheinlich

Erinnerungen wollen verarbeitet werden

genau die Bilder, Fragen, Erinnerungen hochkommen, wenn wir zur Ruhe kommen (wollen), wenn wir zu Bett gehen. Das bis dahin Unverarbeitete wird dem Kortex zum Be- und Verarbeiten vorgelegt. Ähnlich, nur deutlich belastender, ist es mit traumatischen Erinnerungen.

In der Tat kann das Wiedererleben durchaus als ein Selbstheilungsversuch der Psyche betrachtet werden, als ein Versuch der Verarbeitung. Aber gleichzeitig ist es qualvoll, wird als Kontrollverlust und Ohnmacht erlebt, so wie das Trauma selbst. Plastisch wird das an den nachfolgenden Aussagen: „Ich will gar nicht daran denken, aber es kommt von selbst immer wieder." „Ich sehe immer wieder diese Bilder vor meinen Augen." „Manchmal läuft es wie ein Film in meinem Kopf ab." Die belastenden Erinnerungsbilder kommen gerade dann, wenn die Abwehr nachlässt: beim Einschlafen, Aufwachen oder Träumen. Auch deshalb schlafen traumatisierte Menschen meist so schlecht. Sie schrecken immer wieder aus Albträumen hoch, in denen sie mitten im traumatischen Geschehen waren; sie müssen sich erst einmal wieder mühevoll orientieren, wo sie eigentlich sind. Und da die Erinnerungen und die damit zusammenhängenden Gefühle ja noch nicht verarbeitet sind – sprich als Vergangenheit abgespeichert werden konnten –, fühlt es sich in diesem Moment so an, als sei die Bedrohung konkret, real. Die Erinnerungen gehen oft mit Angst und körperlichen Reaktionen wie Herzrasen, Zittern, Schweißausbrüchen, Schwindelgefühlen oder Übelkeit einher. Und manchmal können die Erinnerungen so intensiv sein, dass der traumatisierte Mensch das Gefühl hat, er befände sich wieder mitten in der bedrohlichen Situation. Er rutscht sozusagen mit seiner ganzen Wahrnehmung aus der gegenwärtigen Realität mitten in die unverarbeitete Traumablase hinein.

Von der Vergangenheit verfolgt

So etwas wird durch einen Reiz ausgelöst, der an die traumatische Situation erinnert. So kann es geschehen, dass es in der Schule einen unangekündigten Probealarm gibt, und ein Flüchtlingskind plötzlich zitternd unter dem Tisch sitzt und um sich herum einen Bombenangriff wahrnimmt. Dima Zito hat einmal einen

Trigger

kurdischen Flüchtling interviewt, der das Wiedererleben sehr gut beschrieben hat:

„Wenn ich auf der Straße gehe, manchmal sehe ich Menschen, die so aussehen wie diese Menschen, die mich im Gefängnis gefoltert haben. Sofort bekomme ich Angst. Oder erinnere ich mich an diese Zeiten. Es gab bei der Folter eine Art von Parfüm. Und es gibt dieses Parfüm auch hier. Manchmal, wenn ich auf der Straße bin, und ich rieche dieses Parfüm, dann sofort bin ich zurück in diesen Zeiten. Und ich bekomme Angst, ich zittere."

Auslöser für die Erinnerung

Es gibt also Reize, die an die traumatische Situation erinnern: Menschen, die so aussehen; ein Geruch, ein Geräusch, ein Tonfall, ein Fernsehbericht, manchmal auch ein Gedanke oder ein Gesprächsthema. Alles Mögliche kann ein Auslöser, ein sogenannter „Trigger" sein – eben Dinge, die im Umfeld einer Traumatisierung wahrgenommen und von der Amygdala als lebensbedrohlich etikettiert wurden. Bei manchen extremen Geräuschen ist das naheliegend, wie beispielsweise ein Feueralarm oder Silvesterknaller. Aber es können eben auch ganz alltägliche Dinge sein wie der Blick auf Bäume, die an die Aussicht aus dem Lager erinnern und intensive emotionale Reaktionen auslösen („sofort bekomme ich Angst") können, häufig von körperlicher Gestalt sind („ich zittere"). Diese Reaktionen geschehen blitzschnell, tatsächlich auf Körperebene, bevor man überhaupt einen rationalen Gedanken fassen kann. Dann können die Erinnerungsbilder kommen („ich erinnere mich an diese Zeiten"). Bei manchen Menschen ist es aber auch so, dass sie angesichts bestimmter Reize einfach nur in einen panischen oder alarmierten Zustand geraten, ohne dass sie es mit der konkreten Erinnerung verknüpfen können. Und manchmal ist es eben so, dass die Erinnerung so intensiv auftaucht, dass man das Gefühl hat, man wäre wieder in der traumatischen Situation („sofort bin ich zurück in diesen Zeiten").

Wiedererleben bei Kindern

Reinszenierung des Erlebten

Auch traumatisierte Kinder haben häufig Angstträume – mit Bezug zum traumatischen Erlebnis, aber auch ohne wiedererkennbaren Inhalt –, da die Symbolsprache des Unterbewusstseins an das Ich sehr individuell ist. Bei kleineren Kindern äußert sich das Wiedererleben häufig so, dass sie traumatisierende Szenen immer wieder malen oder nachspielen – sozusagen reinszenieren. Dieses „Schleifendrehen" in der traumatischen Erinnerung gibt es auch bei Erwachsenen. Es gibt Menschen, die über lange Zeit immer wieder davon erzählen wollen, oder die sich wieder und wieder schreckliche Bilder oder Filme auf dem Handy ansehen. Dahinter steckt oft der (unbewusste) Wunsch, den Schrecken endlich bewältigen zu können, wenn man sich immer wieder damit konfrontiert.

Beobachten Sie, ob sich diese Beschäftigung mit traumarelevanten Inhalten tatsächlich entlastend oder lösend auswirkt. Möglicherweise geschieht dieser Bewältigungsversuch auch unwillkürlich und hält die Belastung eher aufrecht – dann ist es eine Form von Wiedererleben.

Konstriktion – Vermeidung

Man will nicht erinnert werden

Traumatisierte Menschen versuchen meist alles zu vermeiden, was sie an das traumatische Ereignis erinnern und die entsprechenden Gefühle wecken könnte. Dabei gehen sie bestimmten Situationen, Orten, Menschen aus dem Weg. Sie möchten auf keinen Fall an den *Ort* zurückkehren, an denen ihnen Schreckliches widerfahren ist – das kann Teil der Vermeidung sein. Für manche traumatisierte Geflüchtete ist sogar die Vorstellung unerträglich, die Botschaft ihres Herkunftslandes zu betreten oder einen entsprechenden Nationalpass zu besitzen. Manche Menschen versuchen zu vermeiden, zur Ruhe zu kommen, weil sich dann die Schreckensszenarien ins Bewusstsein drängen. Folglich sorgen sie dafür, dass sie möglichst stets beschäftigt und von Menschen umgeben sind. Sehr häufig scheuen traumatisierte Menschen das Gespräch über das Erlebte. Das kann im Asylverfahren sehr problematisch sein, wo von ihnen erwartet wird, dass sie detailreich, schlüssig und widerspruchsfrei von ihren Fluchtgründen berichten. Immer wieder kommt es zu Ablehnungen, weil Menschen gar nicht erzählt haben, was ihnen geschehen ist, oder weil sie es nur bruchstückhaft berichtet haben und für unglaubwürdig gehalten wurden.

Erinnern Sie sich an das Bild des zerbrochenen Spiegels? Wie soll man ein Ereignis schlüssig, widerspruchsfrei und nachvollziehbar schildern, wenn es gar nicht als solches in einem abgespeichert ist? Teilweise ist die Atmosphäre bei den Anhörungen auch nicht dazu angetan, sich zu öffnen und extrem belastende Erfahrungen zu berichten. Oder Frauen, denen Gewalt angetan wurde, können einem männlichen Anhörer nicht davon erzählen. Manchmal sind traumatisierte Menschen auch nicht in der Lage, von ihren Erlebnissen zu berichten, weil sie sich nicht richtig daran erinnern können. Auch das ist ein Vermeidungssymptom: die Amnesie für das Erlebte. Manchmal erinnert man sich nur an Teile, aber nicht an alles, manchmal ist aber auch die Zeit davor und danach aus dem Bewusstsein gedrängt. Es gibt Menschen, die sich an Jahre ihres Lebens nicht erinnern. Es ist zwar alles irgendwo gespeichert, aber sie haben keinen Zugriff darauf.

Amnesie für das Erlebte

Und die Tendenz, Inhalte aus dem Bewusstsein zu drängen, verallgemeinert sich. Traumatisierte Menschen sind häufig extrem vergesslich. Wenn ein junger Geflüchteter immer wieder Dinge vergisst; vergisst, was sie abgesprochen haben, den Termin vergisst, die Unterlagen vergisst usw., kann das ein Hinweis auf eine Traumatisierung sein. Die Vergesslichkeit hat auch wieder Auswirkungen auf die Lernfähigkeit. Traumatisierte Geflüchtete berichten häufig, dass sie große Schwierigkeiten in der Schule oder im Deutschkurs haben. Sie können sich neue Vokabeln einfach nicht merken; sobald sie den Unterricht verlassen, ist „alles wieder weg". Es gibt aber auch traumatisierte Menschen, die sehr gut in der Schule oder im Studium sind. Manchen hilft es, alle Energie ins Lernen zu stecken und sich damit von den Belastungen abzulenken, sie also auf diesem Wege zu vermeiden.

Extreme Vergesslichkeit

Gefühle vermeiden

Bei der Vermeidung geht es vor allem darum, die bedrohlichen, überfordernden Gefühle nicht zu spüren. Wir Menschen können aber nicht nur „ausgewählte" Gefühle unterdrücken, wir können uns nicht nur die Angst und Trauer vom Leib halten, aber gleichzeitig Glück und Lebensfreude empfinden. Aber wir können uns insgesamt von unseren Gefühlen distanzieren. Deshalb haben traumatisierte Menschen häufig das Gefühl, dass sie nicht mehr richtig fühlen, dass sie sich stumpf, gefühllos, wie in einer Wolke, entfremdet von der Welt erleben. Häufig ziehen sie sich auch von anderen Menschen zurück. Dieser Zustand wird im Fachjargon als „numbing" bezeichnet.

Sozialer Rückzug

Bei Kindern kann es sein, dass sie sich von Eltern oder Spielkameraden zurückziehen. Sie spielen weniger, wirken scheinbar teilnahmslos oder gleichgültig. Sie zeigen vielleicht weniger Interesse an Dingen, die ihnen früher wichtig waren. Häufig fallen traumatisierte Kinder in ihrer Entwicklung zurück, können Dinge nicht mehr, die sie bereits gelernt hatten, oder verhalten sich wie deutlich jüngere Kinder. Wir werden später im Kapitel „Traumatisierung in der Kindheit" genauer darauf eingehen, warum das so ist.

Dissoziation

Dissoziation als Alltagsphänomen

Es sei hier vollständigkeitshalber erwähnt, dass Dissoziieren etwas ist, was wir in unterschiedlichen Ausmaßen alle tun, es ist mehr oder weniger ein Alltagsphänomen. Unser Bewusstsein braucht in individuell unterschiedlichen Rhythmen Momente der Diffusität, des Defokussiertseins. Oder um es mit Pipi Langstrumpfs Worten zu sagen: „Und darum muss man auch noch Zeit haben, einfach nichts zu tun und vor sich hin zu schauen".

Traumatisierte Menschen können auch zum Dissoziieren neigen. Dissoziation ist das, was in der traumatischen Situation geschehen kann, wenn ein reales Entziehen aus der unerträglichen Situation unmöglich ist, sodass lediglich ein innerer Entzug als Ausweg offensteht. Diese Tendenz kann sich verselbstständigen, automatisieren. Häufig geschieht es traumatisierten Menschen, dass sie auch später, wenn sie mit Reizen konfrontiert sind, die an die traumatische Situation erinnern, innerlich aussteigen, dissoziieren. Es kann sein, dass sich das Beratungsgespräch um ein belastendes Thema dreht, und der Mensch Ihnen gegenüber plötzlich verstummt, ins Leere blickt, auf Ansprache nicht mehr reagiert. Auch im Alltag kann so etwas immer wieder geschehen: ein Reiz im Außen, aber vielleicht auch nur ein Gedanke oder ein Gefühl kann dazu führen, dass die Person dissoziiert. Wenn Ihnen Geflüchtete berichten, dass es ihnen immer wieder passiert, dass sie „abwesend" sind, dass sie in der Bahn erst fünf Haltestellen später merken, dass sie längst hätten aussteigen müssen, dass sie im Unterricht immer wieder „weg" sind und nicht mehr mitbekommen, was eigentlich um sie herum geredet wird, dann sind das Hinweise auf Dissoziation. Häufig merken Menschen nicht, was die Dissoziation ausgelöst hat. Es ist Teil der Heilung, die Zusammenhänge und erste Anzeichen wahrnehmen zu können.

Der innere Ausstieg

2.4 Akute, längerfristige und verzögerte Belastungsreaktionen

Unmittelbar nach traumatischen Ereignissen erleben viele Menschen diese Symptome der erhöhten angstbedingten Erregung, des Wiedererlebens und der Vermeidung. Das nennt sich dann „akute Belastungsreaktion". Diese Beschwerden gehen häufig nach einigen Tagen oder Wochen von selbst zurück, je nachdem wie die Ereignis-, Schutz- und Risikofaktoren zusammenwirken. Wenn Beschwerden aber länger als einen Monat andauern, wenn die Symptome nicht ab-, sondern vielleicht sogar zunehmen, wenn die Beschwerden so stark sind, dass ein Mensch dadurch in seinem Alltag (klinisch relevant) eingeschränkt ist, dann handelt es sich um eine Posttraumatische Belastungsstörung. Die Geflüchteten, die zur Behandlung ins Psychosoziale Zentrum kommen, haben häufig diese und weitere Symptome über einen deutlich längeren Zeitraum als vier Wochen, oft monate- oder gar jahrelang.

Akute Belastungsreaktion

Verzögerte Belastungsreaktion

Oftmals tritt die Symptomatik nicht sofort nach einem Ereignis ein. Das ist nicht nur bei Geflüchteten der Fall, sondern insgesamt bei einem Viertel der diagnostizierten Traumafolgestörungen (vgl. Huber 2003). Häufig funktionieren Menschen noch eine ganze Zeit lang, manchmal Jahre, weiter in ihrem Alltag. Vielleicht sind sie noch im Überlebensmodus, vielleicht können sie die Belastung irgendwie noch ausgleichen. Von der hiesigen Kriegs(kinder)generation wissen wir, dass Traumatisierungen und Belastungen manchmal erst im Alter deutlich werden, wenn mit der Rente Ruhe einkehrt. Oder es ist so, dass noch weitere Ereignisse eintreffen, die dann nicht mehr bewältigt werden können. Immer wieder erleben wir es bei Geflüchteten, dass sie ihr Leben irgendwie noch regeln und im Griff behalten können, solange sie hoffen, hier in Deutschland bleiben zu können. Wenn dann eine Abschiebungsankündigung kommt und die Perspektive droht, genau wieder an den Ort des Schreckens zurückkehren zu müssen, bricht manchmal erst die volle Symptomatik einer posttraumatischen Belastungsstörung auf. Oder wir erleben Menschen in der Beratung, die schon vor Jahren in ihrem Herkunftsland verhaftet und gefoltert wurden, und dann auf dem Fluchtweg weitere Übergriffe erlebten und plötzlich auch von Erinnerungen an die lange vergangenen traumatischen Ereignisse überflutet werden, von denen sie dachten, sie hätten sie längst hinter sich gelassen. Es kann also sein, dass Sie in der Flüchtlingsarbeit mit Menschen zu tun haben, die in der Anfangszeit noch recht stabil wirken, und bei denen erst zu einem späteren Zeitpunkt die Belastung zutage tritt.

Manchmal zeigen sich Symptome erst nach weiteren Belastungen

Menschen, die schwere Traumata erlitten haben, wie es bei vielen Geflüchteten der Fall ist, leiden häufig nicht nur unter einer Posttraumatischen Belastungsstörung. Sehr oft gehen andere Probleme und Symptome damit einher.

Somatoforme Störungen

Somatoforme oder psychosomatische Störungen sind körperliche Beschwerden, für die es keine originär organischen Ursachen gibt.

Es liegt ihnen also keine körperliche Erkrankung zugrunde. Dennoch sind die Beschwerden und Schmerzen real. Ein wesentlicher Grund ist die ständige Anspannung. Dadurch, dass Muskeln dauerhaft verkürzt und verspannt sind, können Blut, Lymphe, ja selbst der Liquor, die Flüssigkeit, die das Gehirn und das Rückenmark schwebend gelagert hält, nur eingeschränkt fließen. Das Bindegewebe verhärtet sich. Die Muskeln erfahren durch Daueranspannung eine Übersäuerung. Oder es gibt schlicht weniger Platz für die Organe im Körper, was deren freie Funktionalität spürbar einschränkt. So haben viele traumatisierte Geflüchtete chronische Kopfschmerzen, da bei Ängsten sich die Schultermuskeln als erstes verspannen. Es gibt auch so etwas wie Körpererinnerungen, eine physische Verletzung aus der Schreckenssituation, die eigentlich schon verheilt ist, aber der Körper signalisiert noch immer Schmerzen an dieser Stelle.

Daueranspannung führt zu körperlichen Beschwerden

Suchterkrankungen

Es gibt traumatisierte Menschen, die in der Folge eine Suchterkrankung entwickeln. Alkohol, Tabletten und andere Drogen erscheinen oftmals als schnelle und einfache Lösung: Endlich vergessen, entspannt sein, schlafen können, und das ohne Dämonen, den stetig wiederkehrenden Horrorszenarien. Der (schädliche) Gebrauch von Alkohol, Drogen oder Medikamenten kann in vielen Fällen als Versuch der Selbstmedikation verstanden werden und führt zumeist zu weiteren Problemen. Suchterkrankungen müssen behandelt werden, es müssen Alternativen für diese selbstschädigenden Lösungsversuche gefunden werden.

Versuch der Selbstmedikation

Depressive Störungen

Bis zu 70 Prozent aller TraumapatientInnen haben zusätzlich depressive Symptome (Maier 2007). Es gibt auch Menschen, die nach traumatischen Erfahrungen zwar keine PTBS, dafür aber eine Depression entwickeln. Wenn Sie mit Geflüchteten arbeiten, ist also die Wahrscheinlichkeit hoch, dass Sie auch auf Menschen

Depression als Traumafolge

mit einer Depression treffen. Das hat mit den potenziell traumatischen Erfahrungen zu tun, mit der Ausweg- und Perspektivlosigkeit der aktuellen Lebenssituation, mit der Unlösbarkeit von Problemen oder damit, dass Gefühle von Trauer und Schmerz keinen Raum haben, nicht abfließen können.

Typische Symptome einer Major Depression sind (vgl. DSM V):

- gedrückte Stimmung
- Interessenverlust, Freudlosigkeit
- Antriebs- und Energielosigkeit, aber auch Agitiertheit und innere Unruhe
- Erhöhte Ermüdbarkeit, Erschöpfung
- Schlafstörungen
- Konzentrationsschwierigkeiten
- Grübelschleifen, negative bzw. pessimistische Zukunftsperspektiven
- vermindertes Selbstwertgefühl und Selbstvertrauen
- Schuldgefühle, Gefühl von Wertlosigkeit
- Verminderter Appetit, Gewichtsabnahme oder -zunahme
- Gedanken an den Tod oder Suizidalität

Wenn ein geflüchteter Mensch, mit dem Sie arbeiten, unter dieser Symptomatik leidet, sollten Sie Hilfe holen, ihn an eine Beratungsstelle oder einen niedergelassenen Therapeuten weitervermitteln.

Suizidalität

Erhöhtes Suizidrisiko

Bei Geflüchteten kommen einige Faktoren zusammen, die zu einem erhöhten Suizidrisiko führen. Deshalb ist es wichtig, dass Sie die Augen und Ohren offenhalten und auf entsprechende Hinweise reagieren. Menschen, die an einer Posttraumatischen Belastungsstörung leiden, haben eine achtfach erhöhte Rate an Suizidversuchen (vgl. Huber 2003), und die häufigste Ursache für einen Suizid ist eine depressive Erkrankung. Je weniger soziale Bindungen ein Mensch hat, je aussichtsloser und unveränderbarer er seine Lebenssituation erlebt, desto höher ist das Risiko, dass er einen Suizid begeht. Wenn Geflüchtete im Gespräch mit Ihnen Suizidgedanken andeuten, haken Sie nach. Vermitteln Sie Besorgnis und Empathie. Durch Nachfragen wird kein Mensch in den Suizid getrieben, im Gegenteil. Es geht darum, einzuschätzen, wie konkret die Suizidgefahr ist. Ist es nur ein Gedanke, den die Person aber auf keinen Fall in die Tat umsetzen möchte, vielleicht wegen der Verantwortung für die Kinder oder weil die Religion es verbietet? Hat die Person schon konkrete Pläne, gar Vorbereitungen getroffen? Schon Tabletten gesammelt, schon das Hochhausdach ausgesucht? Gab es vielleicht schon Suizidversuche, die nicht geklappt haben? Wenn eine oder mehrere der letzten Fragen mit Ja beantwortet werden, sollten Sie auf jeden Fall Hilfe holen. Gibt es ein soziales Umfeld, das sich um die Person kümmern und sie auffangen kann? Gibt es therapeutische Unterstützung? Wenn nicht, können Sie Kontakte vermitteln?

Hilfe holen!

Wenn die Suizidgefahr sehr konkret ist, wenn der Mensch Ihnen nicht glaubhaft versprechen kann, dass Sie sich lebend wiedersehen werden, dann ist es notwendig, dass er stationär behandelt wird. Die regional zuständige psychiatrische Klinik muss Menschen bei Selbst- oder Fremdgefährdung aufnehmen, auch wenn sie nicht Mitglied der gesetzlichen Krankenkasse sind. Am besten, Sie begleiten den suizidalen Menschen in die Klinik, damit er auch sicher dort ankommt, oder sorgen dafür, dass jemand anderes ihn dorthin bringt. Falls er sich weigert, in die Klinik zu gehen, kann es notwendig sein, dass er abgeholt wird. Dazu verständigen Sie am besten den lokalen sozialpsychiatrischen Dienst. Die Person wird dann von einem Krankenwagen oder der Polizei abgeholt. Das ist sicher keine schöne Situation und bedeutet eine erneute Belastung. Dennoch ist es besser, an dieser Stelle für Sicherheit zu sorgen, als dass sich ein Mensch tatsächlich suizidiert.

Klinikeinweisung

2.5 Traumatisierung in der Kindheit

Traumata in der Entwicklung

Grundsätzlich sind die Reaktionen von Erwachsenen und Kindern auf überfordernde, traumatische Ereignisse ähnlich oder gleich. Bei Kindern äußern Sie sich aber teilweise etwas anders und haben gravierendere Auswirkungen. Ein Erwachsener, der ein traumatisches Ereignis erlebt, hat ja bereits eine gereifte Persönlichkeit, hat ein gewachsenes Selbst- und Weltbild, in das er das Trauma integrieren muss. Die Persönlichkeit eines Kindes, das Selbst- und Weltbild, sind erst dabei, sich zu entwickeln. Wenn in dieser Lebensphase traumatische Ereignisse eintreffen, werden diese Teil des Weltbildes: „Die Welt ist lebensgefährlich." „Menschen kann man nicht trauen."

Stress hemmt die Gehirnentwicklung

In den ersten Lebensjahren entwickeln sich die Verschaltungen im Gehirn, die neuronalen Netzwerke. Wenn es in dieser Zeit zu einer dauerhaften Überflutung durch Stresshormone, zu einem dauerhaften Erregungszustand kommt, kann das sogar das neuronale Material angreifen. Die Verschaltungen im Gehirn entwickeln sich deutlich langsamer, Kinder bleiben in ihrer Entwicklung zurück. Es kann sich eine dauerhafte hohe Stresssensibilität einstellen, der Organismus richtet sich auf ein „Leben in Alarmbereitschaft" ein (vgl. Scherwath/Friedrich 2012).

Entwicklungsphasen

Jeder Mensch muss in bestimmten Lebensphasen bestimmte Entwicklungsaufgaben oder typische Herausforderungen bewältigen. Eine erfolgreiche Bewältigung stellt die Grundlage für die nachfolgenden, höheren Entwicklungsschritte dar (vgl. Oerter/Montada 2002). Die Entwicklungspsychologie hat herausgearbeitet, dass es dabei in der Kindheit spezifische Phasen gibt: Im ersten Lebensjahr entwickeln Säuglinge beispielsweise eine Bindung zu ihren Bezugspersonen, sie erwerben grundlegende motorische Fertigkeiten wie Greifen oder Fortbewegung. Bis zum dritten Lebensjahr entfalten sich unter anderem das Explorationsverhalten und die Sprache. Die Selbstkontrolle und Selbststeuerung, z.B. in Bezug auf die Sauberkeit, haben sich bis zum sechsten Lebensjahr herausgebildet. Bis zum elften Lebensjahr werden z.B. ein Moral- und Wertesystem, spezifische Interessen sowie Schul- und

Leistungsfertigkeiten hervorgebracht. In einer späteren Phase lösen sich Jugendliche von den Eltern, beziehen sich auf Peergruppen oder gehen Partnerschaften ein; sie entwickeln eigene Lebenskonzepte. Wenn in einer dieser Entwicklungsphasen eine Traumatisierung eintritt, werden häufig besonders die Bereiche der Persönlichkeit ins Wanken gebracht, die sich gerade im Aufbau befinden. Kinder fallen dann oft auf das nächsttiefere Entwicklungsniveau zurück, das sie noch sicher hatten aufbauen können. Dies wird oft auch in der Körperstruktur sichtbar. Bei manchem Erwachsenen wirken bestimmte Körperpartien kindhaft, wie nicht vollständig entwickelt. Es kann sich dabei um die Folge solcher „Entwicklungsimplosionen" handeln, genauso beim Rückgriff auf offenkundig kindliche Verhaltensweisen in Alarmsituationen.

Traumata prägen die Persönlichkeitsentwicklung

Aber zurück zu den Kindern. Diese müssen nach einem traumatischen Ereignis mit unterschiedlichen Anforderungen fertigwerden: den Alltag bestehen, das Erlebte verarbeiten und sich gleichzeitig weiterentwickeln. „Viele Facetten der kognitiven, emotionalen, motorischen und sozialen Entwicklung können sich nur bruchstückhaft entfalten, müssen notdürftig zusammengebaut werden oder bleiben brach liegen" (Scherwath/Friedrich 2012, S. 33). Ein Trauma in der Kindheit kann also die gesamte Persönlichkeitsentwicklung prägen. Dazu noch einmal Scherwath und Friedrich: „Ein Kind, das früh auf *Überleben* trainiert ist, wird sich zu einem perfekten Überlebenskämpfer entwickeln. Das heißt, dass seine Notfallprogramme *Flüchten, Kämpfen, Dissoziieren* und *Vermeiden* in die *Pole-Position* des individuellen Verhaltensrepertoires aufgenommen werden und so eine zentrale Grundlage für die Strukturierung der Gesamtpersönlichkeit bilden."

Heilung ist lebenslang möglich

Die neuronalen Bahnen im Gehirn bilden sich ein Leben lang. Auch frühe Traumatisierungen können heilen. Dafür müssen Menschen häufig ganz neue Erfahrungen machen, manchmal Erfahrungsklassen zum ersten Mal überhaupt erleben. Wenn ich nie Vertrauen und Sicherheit erlebt habe, kann ich auf diese Erfahrung nicht zurückgreifen. Ich muss sie ganz neu und immer wieder machen, damit ich weiß, wie sich so etwas anfühlt, und um sie dann in mein Bild von mir und der Welt aufnehmen zu können.

Teil II
Traumatisierte Geflüchtete – Basiswissen kompakt

3 Wer ist warum therapiebedürftig? Einblicke in die therapeutische Arbeit

Die Einschätzung, dass ein hoher Prozentsatz geflüchteter Menschen psychisch belastet oder traumatisiert ist, wurde über viele Jahre wissenschaftlich belegt. So ist die Prävalenz psychischer Belastungen, insb. Posttraumatischer Belastungsstörung (PTBS) und schwerer Depressionen bei Geflüchteten signifikant, um ca. das Zehnfache erhöht im Vergleich zur Allgemeinbevölkerung (Fazel/Wheeler/Danesh 2005). Die Prävalenz von PTBS bei neu aufgenommenen Asylsuchenden ist je nach untersuchter Gruppe und Untersuchungsmethode unterschiedlich hoch, realistisch erscheinen Zahlen von ca. 40 % (vgl. Gäbel et al. 2006). Die Leitlinie der deutschsprachigen Fachgesellschaft für Psychotraumatologie (DeGPT) geht von 50 % Prävalenz der PTBS bei Kriegs-, Vertreibungs- u. Folteropfern aus (Flatten et al. 2011).

Ein großer Anteil der Geflüchteten leidt an einer PTBS

Ein relativ hoher Prozentsatz der Geflüchteten ist auf psychotherapeutische Behandlung angewiesen, die nicht in ausreichendem Maße verfügbar ist. So belegt eine Studie des Wissenschaftlichen Instituts der AOK (Schröder, Zok & Faulbaum 2018), bei der 2021 Geflüchtete untersucht wurden, die nicht länger als zwei Jahre in Deutschland und noch in Aufnahmeeinrichtungen lebten, dass über 75 % der Befragten mindestens ein traumatisches Erlebnis selbst erfahren haben (60 % haben Krieg erlebt, 40 % haben Gewalt durch Militär erlebt, 15 % waren Zeuge von Folter und Mord, 19 % sind selbst gefoltert worden). Viele sind multipel traumatisiert. Die Studie belegt einen signifikanten Zusammenhang zwischen der Prävalenz sowohl körperlicher als auch psychischer Beschwerden und erlebten traumatischen Situationen. In der Studie selbst wurden keine traumaspezifischen Symptome (z. B.

Intrusionen, Vermeidung, Alpträume, Ängste) erfasst, aber allgemeine psychische Symptome, die z. B. mit Depressionen korrelieren. Danach waren über 44 % der Befragten auffällig. Über 15 % gaben an, einen Arzt aufgesucht, aber nicht behandelt worden zu sein. Als Zugangsbarrieren wurden vor allem die Sprache und fehlende systematische Sprachmittlung angegeben.

3.1 Zusammenhänge zwischen Nach-Flucht-Bedingungen und der Entwicklung psychischer Belastungen

Viele Menschen, die hier Zuflucht suchen, sind schwer belastet und häufig traumatisiert. Wie sich diese Erkrankung dann entwickelt, hängt sehr stark von den Bedingungen ab, unter denen die Menschen dann weiter hier leben können oder müssen. Je länger Menschen unter ungesicherten Bedingungen in Flüchtlingslagern leben, desto höher steigen die Raten an psychischen Erkrankungen. Das belegt eine ganze Reihe von Studien.

Traumatisierung verläuft in Phasen

Es ist nämlich ganz entscheidend, was *nach* traumatischen Ereignissen passiert, wie das Leben danach weitergeht. Dies belegt eine Untersuchung, die Hans Keilson, ein jüdischer Psychiater, der selbst vor dem NS-Terror nach Holland geflohen ist, durchgeführt hat (vgl. Keilson 1979). Er hat nach dem Krieg mit jüdischen Waisenkindern gearbeitet. 25 Jahre nach dem Holocaust hat er die Akten von über 2000 Überlebenden untersucht und mit über 200 Betroffenen Gespräche geführt. Dabei hat er herausgefunden, dass die Traumatisierung in Phasen oder „Sequenzen" verläuft. Er hat **drei traumatische Sequenzen** herausgearbeitet.

Die Sequenz nach derVerfolgung entscheidet

Die erste traumatische Sequenz war in diesem Fall die beginnende **Verfolgung**; die Zeit, in der die normalen sozialen Strukturen auseinanderbrachen, in der es Angriffe gegen die Familien gab. Die zweite traumatische Sequenz war dann die Zeit nach der **Trennung von den Eltern**, in der die Kinder in Konzentrationslagern oder Verstecken überleben mussten. Die dritte traumatische Sequenz war die Zeit der **Fremdunterbringung** nach dem Krieg, in der die Kinder bei Pflegefamilien oder in Waisenhäusern unterkamen. Hans Keilson hat herausgefunden, dass diese Zeit die entscheidende ist. Kinder, die nach dem Krieg in ein unterstützendes Umfeld kamen, konnten gravierendere Erlebnisse erheblich besser verarbeiten als Kinder, die in dieser Phase weiterhin Stress ausgesetzt waren. Übertragen auf geflüchtete Kinder und Jugendliche bedeutet dies, dass die dritte, die entscheidende traumatische Sequenz mit ihrer Ankunft in Deutschland beginnt. Die Lebensbedingungen und die Unterstützung, die sie hier vorfinden, prägen ihre weitere Entwicklung maßgeblich. Dies bedeutet für uns eine große Chance und eine große Verantwortung. Viele Belastungen können noch ausgeglichen werden. Im Gegenzug können sich aber auch dauerhafte psychische Beeinträchtigungen entwickeln, wenn die Kinder über lange Zeit ohne angemessene Unterstützung in einem ungünstigen Umfeld leben.

Die Forschungsarbeit von Dima Zito zu Kindersoldatinnen und -soldaten, die nach der Flucht in Deutschland leben, bestätigt dies (vgl. Zito 2015). Die traumatische Sequenz der Ankunftszeit in Deutschland dauerte an, solange der Aufenthalt unsicher oder befristet ist und solange die jungen Menschen nur mangelhaft sozial integriert oder inkludiert waren. Diese Phase dauert manchmal viele Jahre.

Unsicherheit erschwert Stabilisierung

Es gibt also zahlreiche Belastungen oder Risikofaktoren, die es Geflüchteten in Deutschland erschweren, sich nach Traumatisierungen zu stabilisieren: die aufenthaltsrechtliche Unsicherheit, d.h. strapazierende Verfahren von unklarer Dauer und unsicherem Ausgang. Gerade die Unsicherheit – hierbleiben zu können oder vielleicht doch abgeschoben zu werden – erschwert eine Stabilisierung enorm. Sehr häufig erleben Geflüchtete in ihrem unmittelbaren Umfeld, dass andere Menschen abgeholt und abgeschoben werden. Auch wenn bei ihnen selbst nicht immer eine Abschiebung droht, erzeugen diese Geschehnisse große Ängste.

Die Lebensbedingungen in den Flüchtlingsunterkünften selbst machen es schwer, ein Gefühl der Sicherheit zu entwickeln. Große Räume mit vielen Betten, mit vielen Menschen unterschiedlicher Herkunft, der Lärm, die Enge, die mangelnden Rückzugsmöglichkeiten und die schlechten hygienischen Bedingungen werden von den meisten als sehr belastend erlebt. Häufig kommt es aufgrund der angespannten Situation – permanente Drohung einer Razzia oder Abschiebung schweben im Raum – zu Konflikten untereinander. Dass Menschen bis zu 24 Monate lang in Zentralen Unterbringungseinrichtungenleben müssen, ist unter dem Gesichtspunkt der Stabilisierung nach Traumatisierungen sehr ungünstig.

Belastende Lebensbedingungen

Kinder und Jugendliche sind von diesen belastenden Lebensbedingungen besonders schwer betroffen. Wenn sie mit ihren Familien zusammen gekommen sind, erleben sie genau wie ihre Eltern die schwierige Situation in den Unterkünften. Sie haben das Glück, dass ihnen ihre Eltern zur Seite stehen. Aber häufig sind die Erwachsenen selbst durch Verluste oder Traumatisierungen belastet. Viele sind aufgrund der eigenen Belastung emotional weniger verfügbar oder unterstützend, als sie es gerne wären oder als ihre Kinder es eigentlich bräuchten. Manchmal entwickelt sich dann eine sogenannte „Parentifizierung“. Das bedeutet, dass Kinder in bestimmten Situationen quasi die Elternrolle übernehmen. Dadurch dass Kinder schneller in die Schulen integriert werden, schneller die Sprache erlernen, finden sie sich häufig schneller

Manchmal geraten Kinder in die Elternrolle

zurecht. So kommt es, dass Kinder und Jugendliche in Familien dann Vieles regeln, was sie eigentlich überfordert. Sie erledigen die Gänge zu den Ämtern und übersetzen bei Ärzten. Einerseits entwickeln diese Kinder viele Kompetenzen und Stärken. Andererseits gibt es aber vielleicht keinen Raum für ihre eigenen Ängste und Bedürfnisse. Sie fühlen eine hohe Verantwortung ihrer Familie gegenüber. Weil sie so angepasst sind und so gut „funktionieren", fällt ihre Belastung häufig über lange Zeit nicht auf.

Unbegleitete minderjährige Geflüchtete

Unbegleitete minderjährige Geflüchtete müssen sich im Exil ohne ihre Angehörigen zurechtfinden. In Jugendhilfeeinrichtungen finden sie manchmal bessere Lebensbedingungen und Unterstützungen vor als in den Flüchtlingsunterkünften. Aber sie sind belastet durch die Einsamkeit, die Sehnsucht und Sorge um ihre Angehörigen. Es entstehen oft Schuldgefühle, da sie nun unter besseren Bedingungen leben als die in der Heimat zurückgebliebenen Eltern, Verwandte und Freunde.

Sicherer Aufenthalt schützt

Bildung als Schutzfaktor

Es gibt natürlich auch Schutzfaktoren im Exil (vgl. Tonheim et al. 2015; Zito 2015). An erster Stelle ist hier wieder die Sicherheit zu nennen, insbesondere der sichere Aufenthalt, das Wissen, wirklich nicht mehr zurückkehren zu müssen. Ein sicherer Lebensraum, also die angemessene Unterbringung in Wohnungen oder Jugendhilfeeinrichtungen hilft dabei, sich zu stabilisieren. Auch der Zugang zum Bildungswesen ist ein entscheidender Stabilisator. Geflüchtete Kinder und Jugendliche, die zur Schule gehen, haben eine Tagesstruktur. Wenn alles gut läuft, bekommen sie darüber soziale Kontakte, Erfolgserlebnisse und beginnen, sich Zukunftsperspektiven zu erarbeiten. Das trägt dazu bei, wieder ein Stück Normalität zu gewinnen. Ebenso wichtig ist der Zugang zu Freizeitaktivitäten und sozialen Netzwerken, wo sie befreit Interessen nachgehen können und sich Freundschaften entwickeln können. Außerdem sind Ansprechpartner von unschätzbarem Wert, die drängende persönliche, soziale wie institutionelle Fragen beantworten können. Unterstützung durch zugewandte Fachkräfte im psychosozialen Bereich und engagierte Ehrenamtliche kann ein enormer Stabilisierungsfaktor sein.

3.2 Therapie für traumatisierte Geflüchtete?

Die Zeit heilt nicht alle Wunden – manche Wunden sind so tief und gravierend, dass sie nicht alleine ohne Behandlung heilen können. Viele Geflüchtete brauchen therapeutische Unterstützung. Leider ist der Zugang für Geflüchtete zum Gesundheitswesen nur eingeschränkt möglich. Im Asylverfahren, während der ersten 15 Monate des Aufenthaltes, sind Geflüchtete nicht Mitglied der gesetzlichen Krankenkassen. Das Sozialamt an ihrem Wohnort bezahlt die „notwendige Behandlung akuter Erkrankungen". So steht es im Asylbewerberleistungsgesetz. Leider bietet diese Formulierung viel Auslegungsspielraum. Was ist „notwendig"? Ist eine Posttraumatische Belastungsstörung „akut" oder „chronisch"? Mancherorts ist es schwierig, die Bewilligung zur Finanzierung einer Psychotherapie zu bekommen.

Eingeschränkter Zugang zum Gesundheitswesen

Und auch für Einheimische ist es schwierig, einen Therapieplatz zu finden. Häufig gibt es lange Wartezeiten. Umso schwieriger ist es, geschulte TherapeutInnen zu finden, die auch noch in einer Fremdsprache oder mithilfe eines Sprach- und Kulturmittlers arbeiten können.

Psychosoziale Zentren für Flüchtlinge

Eine wichtige Rolle nehmen hier die Psychosozialen Zentren für Geflüchtete und Folteropfer ein. Inzwischen gibt es 47 Zentren, die in einer bundesweiten Arbeitsgemeinschaft vernetzt sind. Auf der Internetseite www.baff-zentren.org (Stand 23.01.2024) können Sie nachsehen, ob es auch ein Zentrum in Ihrer Nähe gibt. Die Zentren bieten in der Regel Therapie und psychosoziale Beratung für Geflüchtete an, manchmal verfassen sie auch psychologische Stellungnahmen für das aufenthaltsrechtliche Verfahren. Häufig unterstützen sie auch Fachkräfte und Ehrenamtliche in ihrer Arbeit mit Geflüchteten durch Fortbildungen und Supervision. In den psychosozialen Zentren können jedes Jahr bundesweit mehrere Tausend traumatisierte Geflüchtete versorgt werden. Viele Zentren arbeiten mit lokalen Netzwerken niedergelassener PsychotherapeutInnen zusammen, an die Geflüchtete weitervermittelt werden können. Inzwischen haben sich auch einige Kliniken auf die ambulante oder stationäre Traumabehandlung für

Lokale Netzwerke

Geflüchtete spezialisiert. Auch wenn die therapeutische Versorgung traumatisierter Geflüchteter noch völlig unzureichend ist – sie ist notwendig. Wenden Sie sich an lokale Netzwerke und Beratungsstellen, die Sie bei der Suche nach einem Therapieplatz unterstützen können!

3.3 Was passiert in der Traumatherapie?

Als ehrenamtliche Unterstützerin oder nicht-therapeutische Fachkraft, als Vormund oder Erzieherin können Sie viel dazu beitragen, dass traumatisierte Geflüchtete sich stabilisieren können. Darum geht es im dritten Teil „Arbeiten mit Geflüchteten – systematisch und konstruktiv helfen". Hier wollen wir Ihnen kurz vorstellen, was in einer professionellen Traumatherapie geschieht. Dabei geht es aber tatsächlich nur darum, Ihnen eine Vorstellung zu vermitteln. Die folgenden Dinge gehören nicht in Ihren Aufgabenbereich. Die Rolle von ehrenamtlichen und nicht-therapeutischen Fachkräften ist die Stabilisierung. Die Stabilisierung ersetzt keine Traumatherapie, aber auch in der Therapie nimmt die Stabilisierung einen großen Raum ein.

Die Phasen der Traumatherapie

In den vergangenen Jahren haben sich verschiedene traumatherapeutische Methoden entwickelt. Viele Therapien haben eine schulenübergreifende, integrative Herangehensweise. Idealtypisch besteht die Traumatherapie aus drei Phasen: die Stabilisierungsphase, die Traumabearbeitung und die Integration. In der Stabilisierungsphase geht es um die soziale, körperliche sowie psychische Stabilisierung. Es geht darum, ein Handwerkszeug zu erlernen, um mit den traumatypischen Symptomen umgehen zu können und nicht mehr von ihnen überflutet zu werden. Wenn das gelingt, was oft eine große und (Jahre-)lange Herausforderung ist, kann sich der Klient aus der gewonnen Stabilität heraus mittels bestimmter Techniken in therapeutischer Begleitung dem traumatischen Inhalt zuwenden. Bei der Traumabearbeitung wird die traumatische Situation kontrolliert wieder durchlebt, während man selbst sicher in der Gegenwart und im therapeutischen

Kontakt verankert bleibt. Dabei sollen die isoliert voneinander gespeicherten Elemente (Erinnerungsbilder, Gefühle, Körperempfindungen und Gedanken) zusammengefügt werden. So können die traumatischen Erfahrungen weiter verarbeitet und als Vergangenheit abgespeichert werden.

Integration setzt Potenzial frei

Mit zunehmendem Be- und Verarbeitungsprozess des traumatischen Inhalts vollzieht sich simultan auch eine auch gefühlte Integration in den eigenen Lebenslauf, in das Bild von sich und der Welt. Oft setzt diese Integration dann große innere Potenziale frei, die dem „Wieder-Ganzwerden" zu verdanken sind, ein Vorgang, der im Prinzip nach jedem integrierten Muster oder überwundenen Ängsten geschieht. In therapeutischer Demut sei jedoch erwähnt, dass ein erheblicher Prozentsatz komplexer Traumata nicht komplett be- und verarbeitet werden können, sodass stattdessen sehr intensiv an der Stabilisierung gearbeitet wird. Eine gute Stabilisierung ist in diesem Fall ein notwendiges und ausreichendes Therapieziel (vgl. Kissenbeck/Hanswille 2009).

4 Wie kann ich stabilisierend und ressourcenorientiert vorgehen?

4.1 Traumasensible Haltung

Trauma-symptome können weit streuen

Die Symptome der Traumatisierung hatten wir Ihnen bereits vorgestellt. Nun können Sie grob einschätzen, ob ein Mensch, mit dem Sie arbeiten, traumatisiert sein könnte. Wie Sie gesehen haben, kann sich eine Traumatisierung auf alle Lebensbereiche auswirken. Hinter vielen Verhaltensauffälligkeiten, die in der Alltagsarbeit für uns anstrengend oder lästig sein können, kann sich eine Traumatisierung verbergen. Vor diesem Hintergrund lässt es sich vielleicht eher einordnen, dass z.B. die Konzentrationsschwierigkeiten und die enorme Vergesslichkeit eines Sprachkursteilnehmers nicht mangelndem Interesse, sondern dessen traumatypischer Symptomatik geschuldet ist. Mit der traumasensiblen Brille lassen sich die Hintergründe problematischen Verhaltens häufig besser entschlüsseln und man kann somit zielführender (re-)agieren.

Hinter jedem Verhalten steht ein Bedürfnis

Das Konzept des „guten Grundes“ besagt, dass jedes Verhalten Ausdruck eines (möglicherweise verschobenen) Bedürfnisses ist. Bei einer traumabasierten Symptomatik geht es oft um das Wiedererlangen von Kontrolle, den Schutz vor neuen Gefahren, die Vermeidung von Schmerzen und Überlebenssicherung (vgl. Scherwath/Friedrich 2012). Häufig ist die Veränderung eines problematischen Verhaltens nur möglich, wenn eine (adäquatere) Alternative gefunden wird.

4.2 Belastende Themen erkennen und handhaben

Seien Sie sich bewusst, dass es für traumatisierte Menschen extrem belastend sein kann, über Dinge zu sprechen, die sie erlebt haben. Unter Umständen werden sie von bedrohlichen Erinnerungen und Gefühlen überflutet. Deshalb ist die Richtlinie in der (nicht-therapeutischen) Arbeit mit potenziell traumatisierten Geflüchteten, dass wir uns auf die Gegenwart und Zukunft, nicht auf die Vergangenheit konzentrieren. Vielleicht ist es notwendig, dass Sie nach der Vergangenheit, den Erlebnissen oder dem Fluchtweg fragen, etwa weil Sie die Fluchtgeschichte erheben müssen, um die Anhörung für das Asylverfahren vorzubereiten. Wenn Sie in Ihrer Begleitungsarbeit über potenziell belastende oder traumarelevante Themen sprechen müssen, achten Sie gut auf Anzeichen von Belastung in den Reaktionen Ihres Gegenübers. Wie Sie selbst gut reagieren können, wenn belastende Gefühle aufkommen, beschreiben wir im dritten Teil.

Konzentration auf die Gegenwart

Wenn es nicht notwendig ist, über diese Themenfelder zu sprechen, dann tun Sie es erst einmal nicht. Es ist vielleicht gut gemeint, den jungen Geflüchteten in der Schulklasse aufzufordern, ein Referat über sein Heimatland zu halten, aber es kann passieren, dass der Schüler davon völlig überfordert ist, weil es so Vieles gibt, das er nicht erzählen kann und will. Drängen Sie einen Menschen, den Sie begleiten, nicht mit Fragen, um von seinen Erlebnissen zu berichten.

Etwas anderes ist es, wenn ein Vertrauensverhältnis gewachsen ist und jemand von selbst gerne erzählen möchte, was er erlebt hat. Wenn Sie für sich selbst das Gefühl haben, dass es für Sie in Ordnung ist, dass Sie schlimme Berichte und Gefühle tragen können, dann lassen Sie den Menschen erzählen. Hören Sie zu, halten Sie den Raum. Seien Sie da, seien Sie empathisch. Es ist entlastend, wenn auch das Schreckliche da sein darf, wenn die Gefühle Platz haben.

Das Raumhalten

Aber gehen Sie nicht über Ihre eigenen Grenzen. Wenn Sie merken, dass Sie die Erzählungen überfordern, dann sollten Sie das auf sensible Weise signalisieren, indem Sie aktiv bei der Suche nach einem Therapeuten behilflich sind.

Für einen traumatisierten Menschen kann es hilfreich sein, ein Gespür dafür zu entwickeln, welche Themen bei ihm bedrohliche Gefühle auslösen. Häufig ist es den Betroffenen ja gar nicht bewusst, dass sie eine Traumafolgestörung haben. Sie bemerken lediglich, dass sie in bestimmten Situationen außer sich geraten, von Erinnerungen oder bedrohlichen Gefühlen bedrängt werden. Zum einen ist es entlastend, sich die Symptomatik einer Traumatisierung erklären zu können, zum anderen ist es gut, wenn die Person mit der Zeit so etwas wie die eigene „Trigger-Landkarte" kennt. Dann kann sie besser einschätzen, welche Themen und Reize Belastungsreaktionen auslösen und kann möglicherweise lernen, bewusster damit umzugehen und darauf zu reagieren.

4.3 Belastende Gefühle wahrnehmen und damit umgehen

„Hier und jetzt ist alles in Ordnung"

Es kann passieren, dass traumatische Erinnerungen und Gefühle angetriggert werden, das kann durch einen Feueralarm in der Schule, einen Geruch in der U-Bahn oder den Blick aus dem Fenster passieren. Oder das Beratungsgespräch dreht sich um ein belastendes Thema und Sie bemerken, dass Ihr Gegenüber verstummt, mit leerem Blick durch Sie hindurch sieht und nicht reagiert, wenn Sie ihn ansprechen. Falls ein geflüchteter Mensch, mit dem Sie in Kontakt sind, augenscheinlich dissoziiert oder von bedrohlichen Gefühlen überflutet wird, ist das Wichtigste, dass Sie ihm in dieser Situation Sicherheit und Ruhe vermitteln: „Hier und jetzt ist alles in Ordnung."

Dann geht es darum, den Menschen darin zu unterstützen, sich wieder in der Gegenwart zu orientieren. Bei der traumatypischen Symptomatik kommt das Bedrohungsgefühl der Vergangenheit wieder hoch, manchmal so intensiv, dass die Betroffenen sich tatsächlich in der Vergangenheit wähnen. Was hilft, um wieder in die Gegenwart zu kommen?

Reorientierung

- Zunächst einmal Kontakt herstellen. Sprechen Sie den Menschen freundlich, aber eindringlich mit seinem Namen an, ruhig auch mehrmals, wenn er zunächst nicht reagiert.
- Stellen Sie Blickkontakt her, bitten Sie Ihr Gegenüber Sie anzusehen.
- Fragen Sie, ob er Sie sieht und wahrnimmt.
- Seien Sie eher zurückhaltend mit Körperkontakt. Es kann für Menschen sehr beruhigend sein, eine ausgestreckte Hand zu ergreifen und zu halten, aber für traumatisierte Menschen kann eine ungefragte Berührung eine erneute Grenzverletzung darstellen.
- Wenn Sie jemanden berühren möchten, am Arm, an der Hand, fragen Sie vorher immer um Erlaubnis.
- Wenn Sie den Eindruck haben, dass die andere Person Berührung eher unangenehm oder bedrängend empfindet, kann es hilfreich sein, einen Gegenstand anzubieten, den sie in der Hand halten kann. Auch diese Berührung kann helfen, langsam wieder in den Körper und die Gegenwart zurückzufinden. Wir haben in unseren Beratungszimmern immer einen Igelball, den wir KlientInnen bei Bedarf in die Hand geben können.
- Um in die Gegenwart zurückzukommen, ist es hilfreich, den eigenen Körper wieder wahrzunehmen. Sie können den Menschen einladen, aufzustehen, ein paar Schritte zu gehen, vielleicht die Füße auf dem Boden zu spüren, tief durchzuatmen, sich auszuschütteln…
- Manche Menschen finden es angenehm, sich das Gesicht mit kaltem Wasser zu waschen, um wieder zu sich zu kommen. Oder sie möchten etwas trinken.
- Es ist sinnvoll, die Aufmerksamkeit und Konzentration auf die Gegenwart zu richten. Fragen Sie den Menschen, den Sie zurückholen möchten, welches Datum wir haben und an

welchem Ort wir uns befinden. Es ist gut, solche „blöden Fragen“ zu erklären. Wir sagen in solchen Fällen so etwas wie: „Der Kopf weiß das, aber oft weiß das Gefühl es noch nicht.“

„5-4-3-2-1“-Übung: Menschen wieder in die Gegenwart holen

Sehr hilfreich um sich mit allen Sinnen auf das zu konzentrieren, was jetzt hier in dieser Gegenwart wahrzunehmen ist, ist die „5-4-3-2-1“-Übung. Bitten Sie Ihr Gegenüber, Ihnen **fünf** Dinge zu nennen, die er jetzt hier **in diesem Raum sieht.** Vielleicht ein Bild an der Wand, eine Tasse auf dem Tisch... So beginnt er, wieder bewusster wahrzunehmen, was jetzt um ihn herum ist.

Dann bitten Sie ihn, **fünf Dinge** zu benennen, die er **hier hören kann.** Vielleicht ein vorbeifahrendes Auto, Stimmen aus dem Nebenraum... Bei dieser Übung ist erhöhte Konzentration gefragt.

Als Nächstes geht es wieder zurück zum Sehen. Nun werden **vier Dinge** benannt, die **er sieht**, dann **wieder vier Dinge, die er hört**, dann **drei,** dann **zwei** und **schließlich jeweils eines.**

Wenn man bei eins angelangt ist, ist die Konzentration und Aufmerksamkeit in der Regel auch wieder in der Gegenwart angekommen. Die meisten Menschen empfinden diese Übung als hilfreich und angenehm, und sie ist so einfach, dass Sie sie jederzeit anwenden können.

Teil III
Arbeiten mit Geflüchteten – systematisch und konstruktiv helfen

Sechs traumapädagogische Empfehlungen für den Umgang mit geflüchteten Menschen

Scherwath und Friedrich benennen in ihrem Buch „Soziale und pädagogische Arbeit bei Traumatisierung“ fünf traumapädagogische Leitlinien, die auch in der Arbeit mit Geflüchteten dienlich sind. Dabei geht es um das Herstellen von Sicherheit, Stressreduktion, eine sichere Bindung als Voraussetzung für Lern- und Entwicklungsprozesse, die Unterstützung positiver Selbstbilder sowie Ressourcenorientierung. Wir möchten die wesentlichen Punkte im Einzelnen beleuchten, reflektieren und erweitern, damit sie sich auf die sehr spezielle Situation von Geflüchteten übertragen lassen.

1 Sicherheit

An erster Stelle steht die Sicherheit. Wenn ich extreme Bedrohungen erlebt habe, muss ich erst wieder in Sicherheit sein, um mich beruhigen zu können. Bei traumatisierten Menschen tritt dieses Gefühl der Sicherheit nicht oder nur schwer ein. Sie haben die Erfahrung gemacht, dass ihre Umgebung bedrohlich ist, dass schreckliche Dinge geschehen können, denen sie ohnmächtig ausgeliefert sind, und ihr Selbst- und Weltvertrauen ist dadurch tief erschüttert. Für einen traumatisierten Menschen ist die Welt, die Umgebung ein Ort potenzieller drohender Gefahren. Entsprechend ist das Alarm- und Stresssystem ihres Organismus permanent aktiviert. Sie sind sozusagen in ständiger Erwartung neuer Gefahren. Eine reale äußere Sicherheit ist die Voraussetzung, um auch wieder innere Sicherheit entwickeln und fühlen zu können.

Sicherheit als Grundlage

Hier werden wir in der Arbeit mit Geflüchteten vor eine große Herausforderung gestellt. Häufig ist reale Sicherheit für sie nicht gegeben. Auch wenn keine direkte Gefahr für Leib und Leben besteht, ist doch die unsichere Zukunft der ständige Begleiter: Wie kann Beruhigung eintreten, wenn das Bleiben nicht sicher ist?

Stellen Sie sich doch kurz das folgende Szenario vor: Unter körperlichen Qualen, seelischen Mühen und Todesängsten haben Sie Ihr Heimatland verlassen. Sie haben alles auf eine Karte gesetzt. Ein Zurück gibt es nicht. Angekommen, wissen Sie nicht, ob Sie bleiben dürfen. Dann hängen Sie am Ziel ewig in der Luft, ob Sie nun endlich innerlich den Fuß auf den erreichten Boden setzen dürfen oder zurück in den Horror müssen, dessen Wunden noch so laut in Ihrer Seele schreien. Und jetzt: ausharren, warten, hoffen …

Unsicherheit als Grundgefühl

Diese absolute existentielle Unsicherheit bestimmtdas ganze Leben und Erleben, solange die Aufenthaltsfrage nicht endgültig geklärt ist. Für eine nicht-traumatisierte Person ist dies schon kaum auszuhalten. Für den traumatisierten Menschen stellt es sich wie eine Rückkehr in das traumatisierende Umfeld dar, das mit Todesangst und Panik assoziiert wird.

Um sich wirklich dauerhaft stabilisieren und heilen zu können, ist es unabdingbar, dass traumatisierte Geflüchtete eine reale

Sicherheit erhalten. Deshalb tragen alle Aktivitäten, die der sozialen und physischen Stabilisierung dienen, auch dazu bei, den Boden zu schaffen, damit Menschen ihre Traumatisierungen überwinden können.

Soziale und physische Stabilisierung

Nachfolgend wichtige Voraussetzungen, die bei der weiteren Arbeit mit traumatisierten Geflüchteten essenziell sind:

- **Ist der Aufenthalt gesichert?** Wie steht das Asylverfahren? Gibt es eine Entscheidung, muss vielleicht gegen eine Ablehnung Klage eingereicht werden, sind weitere Schritte notwendig?
- **Wie ist die Unterbringung?** Lebt die Familie mit dem schwer traumatisierten Kind vielleicht noch in einem unruhigen Flüchtlingswohnheim? Ist es möglich, die Erlaubnis zu bekommen, in eine eigene Wohnung zu ziehen, kann die Familie unterstützt werden bei der Wohnungssuche?
- **Wie ist die Tagesstruktur?** Sitzt der junge Mann den ganzen Tag auf seinem Zimmer, starrt an die Wand und wird von schrecklichen Erinnerungen heimgesucht? Besteht vielleicht die Möglichkeit, dass er an einem Sprachkurs teilnimmt, dass er eine Arbeitserlaubnis bekommt oder eine Ausbildung machen kann? So kann er neue Kenntnisse erwerben, Perspektiven entwickeln und seine Energien auf Positives richten.
- **Wie ist die körperliche Verfassung?** Gibt es vielleicht Erkrankungen, Infektionen oder Verletzungen, die behandelt werden müssen? Gibt es vielleicht selbstschädigende Lösungsversuche wie Drogen- oder Alkoholkonsum oder selbstverletzendes Verhalten, für die dringend Alternativen gefunden werden müssen? Ist eine Therapie notwendig?
- **Wie ist das soziale Umfeld?** Ist die junge Frau völlig isoliert? Gibt es eine Ehrenamtliche, die Zeit und Lust hätte, eine Patenschaft zu übernehmen? Könnte sie vielleicht Anschluss in einer Kirchengemeinde finden? Gibt es einen Fußballverein für den Jugendlichen?

Um alle diese Bereiche der sozialen und physischen Stabilisierung zu berücksichtigen, brauchen Sie Kooperationspartner. Arbeiten Sie mit Rechtsanwältinnen, Beratungsstellen, psychosozialen Zentren für Geflüchtete oder Ehrenamtlichen zusammen.

1. Checkliste: Sicherheit

- ☐ Aufenthalt

  ____

  ____

- ☐ Unterbringung/Wohnung

  ____

  ____

- ☐ Gesundheit (Behandlung eventueller körperlicher Erkrankungen, Infektionen oder Verletzungen; selbstschädigendes Verhalten …)

  ____

  ____

- ☐ Therapiebedarf

  ____

  ____

- ☐ Tagesstruktur

  ____

  ____

- ☐ Sprachkurs, Schule, Ausbildung

  ____

  ____

- ☐ Arbeitserlaubnis, Ausbildungs- oder Arbeitsplatzsuche

  ____

  ____

- ☐ Soziales Umfeld (soziale Kontakte, ehrenamtliche Begleitung, Zugang zu Sportverein, Gemeinde etc.)

  ____

  ____

2 Inseln der Sicherheit schützen vor dem Ertrinken – die Einrichtung als „sicherer Ort“

All die oben beschriebenen Bereiche äußerer, sozialer und physischer Sicherheit sind notwendig. Und häufig dauert es lange, manchmal Jahre, bis sie erreicht werden können. Was tun in einer Situation, in der Sicherheit die Qualität ist, die ein Mensch am dringendsten braucht, und die gleichzeitig am wenigsten verfügbar ist?

Inseln der Sicherheit

Um eine solche Situation überstehen zu können, brauchen Menschen zumindest Momente, Orte, „Inseln der Sicherheit“, um auftanken, Kraft schöpfen und durchhalten zu können. Wir wollen hier nicht den Eindruck erwecken, dass diese „Inseln“ ausreichend seien. Aber überlebensnotwendig sind sie dennoch. In diesem Spannungsfeld arbeiten wir: zu wissen, was eigentlich notwendig ist, und nur das anbieten zu können, was uns zur Verfügung steht. Und da können wir Einiges tun, um die Situation zumindest erträglicher zu machen.

Der Ort, an dem wir mit Geflüchteten arbeiten – das Sprachcafé, das Beratungszimmer, der Klassenraum – könnte vielleicht eine „Insel der Sicherheit“ sein. Wie muss ein Ort beschaffen sein, damit er als „sicher“ wahrgenommen werden kann?

Strukturelle Klarheit

Ein Trauma bedeutet, dass etwas Unvorhergesehenes hereinbricht und Kontrollverlust entsteht. Entsprechend haben traumatisierte Menschen ein großes Bedürfnis nach Einschätzbarkeit und Kontrollierbarkeit. Eine möglichst große strukturelle Klarheit und Transparenz tragen dazu bei.

Zur strukturellen Klarheit gehören beispielsweise:

- **Verbindliche Regeln:** Was ist hier erlaubt und was nicht? Was sind die Rechte und Pflichten der Einzelnen?

- **Klare Zuständigkeiten:** Wer ist wofür zuständig und wofür nicht?
- **Verbindlichkeit** und die Einhaltung von Absprachen: Als Unterstützungspersonen muss ich nicht alle Aufgaben übernehmen, aber wenn ich etwas zugesagt habe, ist es wichtig, dass ich die Zusagen auch einhalte. Nur so bin ich einschätzbar und vertrauenswürdig.
- **Klare Zeitstrukturen:** Wann ist das Sprachcafé geöffnet, wann findet der Deutschkurs statt? Möglicherweise auch klar strukturierte Tagesabläufe und Rituale, die Sicherheit geben. Zum Beispiel die gemeinsame Morgenrunde in der Kita, die jeden Tag stattfindet, das gemeinsame Abendessen der Jugendwohngruppe…

Einschätzbarkeit und Flexibilität

Bei dieser strukturellen Transparenz geht es darum, Einschätzbarkeit, Orientierung und Sicherheit zu spenden. Es geht also nicht um Starrheit, sondern je nach Situation kann es auch sinnvoll sein, Regeln individuell zu variieren. Wenn z.B. ein Sprachkursteilnehmer aufgrund seiner psychischen Belastung nicht in der Lage ist, eine Prüfungsleistung zu erbringen oder seine Hausaufgaben vollständig zu bewältigen, kann es besser sein, individuelle Lösungen zu finden.

Atmosphäre

Wertschätzender Umgangston

Klarheit alleine gibt zwar möglicherweise Einschätzbarkeit, führt aber nicht automatisch dazu, dass eine Einrichtung als „sicherer Ort“ wahrgenommen wird. Auch ein Gefängnis kann klare Strukturen haben… Die strukturelle Klarheit muss also einhergehen mit einer Atmosphäre der Wertschätzung, des Respekts, der Offenheit und der Unterstützung. Wie ist die Atmosphäre dort, wo Sie mit Geflüchteten arbeiten? Wie werden Menschen begrüßt, wie ist der Umgangston?

Räume

Die Räume, in denen wir uns aufhalten, haben einen großen Einfluss auf unser Wohlbefinden. Es macht einen großen Unterschied, ob ich mich in sauberen, hellen Räumen aufhalte oder ob die Wände beschmiert und die Türen eingetreten sind. Gerade wenn im Inneren bedrohliche Gefühle und Bilder vorherrschen, ist es wichtig, dass das Äußere ein Gegengewicht darstellt. Um Traumatisierungen heilen zu können, ist es hilfreich, sich in „heilen Räumen" aufzuhalten, die Geborgenheit vermitteln. Wie sind die Räume, in denen Sie mit Geflüchteten arbeiten? Gerade wenn die Wohnräume in einer Unterkunft besonders ungünstig sind, kann es umso wichtiger sein, dass es irgendwo Räume gibt, in denen sich die Bewohner wohl fühlen können. Gibt es Beratungs- oder Aufenthaltsräume, die freundlich gestaltet werden können? Können vorhandene Räume verändert werden? Kann man die Atmosphäre mit Anstreichen, Gardinen, Bildern an der Wand oder Topfpflanzen verbessern? Gibt es vielleicht sogar Rückzugsräume oder eine Kuschelecke mit Kissen und Stofftieren für die Kinder?

Räume bewusst gestalten

Gewaltfreiheit

Last, but not least: Um sich stabilisieren zu können, darf keine erneute Gefahr drohen. Gewaltfreiheit in Einrichtungen, die mit traumatisierten Menschen arbeiten, ist unerlässlich. Dazu gehört auch, dass keine gewaltverherrlichende Propaganda verteilt wird oder aggressive Lieder gespielt werden, die traumatisierte Menschen triggern können.

Es lohnt, zu reflektieren, ob und wie der Ort, an dem Sie mit Geflüchteten arbeiten, ein „sicherer Ort" ist oder sein kann.

2. Checkliste „Sicherer Ort“

- ☐ Transparenz erzeugen
  - ☐ klare Regeln aufstellen
  - ☐ Absprachen einhalten
  - ☐ feste Zeitstrukturen etablieren
  - ☐ Erreichbarkeit garantieren
  - ☐ Routinen etablieren
- ☐ Atmosphäre schaffen
- ☐ heilvolle Räume
- ☐ Gewaltfreiheit
- ☐ Was ist gut? Was ist schwierig?

  ____

  ____

  ____

  ____
- ☐ Welche Verbesserungen sind machbar?

  ____

  ____

  ____

  ____

3 Von der äußeren zur inneren Sicherheit – Atem- und Bewegungsübungen sowie Ablenktechniken

Handlungsfähigkeit zurückgewinnen

Eine Traumatisierung ist die Erfahrung des Ausgeliefertseins und des Kontrollverlusts, sowohl in der traumatischen Situation selbst als auch später gegenüber den Symptomen. Das Ziel ist also, wieder Kontrolle über das eigene Erleben, Handlungsmacht und Selbstwirksamkeit zu gewinnen. Distanzierungs- und Stabilisierungs übungen sollen dazu dienen, zu lernen, individuell besser mit den traumatypischen Belastungen umgehen zu können. In der Traumatherapie lernen Klientinnen dieses „Handwerkszeug" zur Selbstregulation, aber auch in der alltäglichen Beratungs- und Unterstützungsarbeit können einige Techniken zum Einsatz kommen.

Atemübungen

Unter Stress und Anspannung wird der Atem in der Regel schneller und flacher. Der Atem spiegelt unmittelbar unsere psychische

Verfassung wider. Umgekehrt ist es möglich, über den Atem Einfluss auf unsere Gefühle zu nehmen. Bewusstes Atmen verbindet uns mit unserem Körper und dem gegenwärtigen Moment. „Erstmal tief durchatmen“ empfinden viele von uns als wohltuend in einer stressigen Situation, es lässt uns ruhiger werden.

Ausprobieren, ob Atmen wohltuend ist

Aber auch hier ist freilich Vorsicht geboten. Atemübungen als Beruhigungsübungen werden von vielen traumatisierten Menschen als hilfreich empfunden, aber nicht von allen! Wenn Sie selbst gute Erfahrungen mit Atemübungen haben, können Sie diese einem Menschen anbieten, den Sie unterstützen möchten. Aber probieren Sie erst einmal vorsichtig gemeinsam aus, ob dieser Mensch bewusstes kontrolliertes Atmen tatsächlich als angenehm empfindet oder nicht. Lassen Sie sich immer Rückmeldung geben, wie eine Übung wirkt. Tieferes Atmen kann einen verstärkten Kontakt zu den eigenen Gefühlen bringen, und das kann als bedrohlich empfunden werden. Ebenso unangenehm können Menschen es finden, den eigenen Körper bewusster zu spüren und damit ebenso vielleicht auch die Schmerzen und Verspannungen. Bei Atemübungen mit traumatisierten Menschen geht es keinesfalls darum, sich wie in der Meditation mit geschlossenen Augen nur auf den eigenen Atem zu konzentrieren. Gerade wenn Menschen dazu neigen, zu dissoziieren oder von traumatischen Erinnerungen heimgesucht zu werden, ist es nicht günstig, die Augen zu schließen und sich ganz auf sein Innenleben zu konzentrieren. Stattdessen ist es dienlicher, mit offenen Augen stets mit dem Bewusstsein in der Gegenwart, im aktuellen Raum sehend verankert zu bleiben und die Kontrolle zu bewahren. Deshalb sind Atemübungen empfehlenswert, bei denen man bewusst und kontrolliert etwas tut. Einfache Atemübungen zur Beruhigung sind zum Beispiel die Bauchatmung und die Nasenwechselatmung:

Bauchatmung

Hier geht es darum, langsamer und tiefer zu atmen, um sich zu beruhigen. Zunächst einmal ist es günstig, relativ aufrecht und gleichzeitig entspannt zu sitzen oder zu stehen. Bitten Sie den

Menschen, den Sie unterstützen möchten, erst einmal ganz normal zu atmen und nichts zu verändern.

Laden Sie den Klienten ein, die Hand auf den Brustkorb zu legen, um die Atmung auch zu spüren. Als nächster Schritt kann er beide Hände auf seinen Bauch legen. Bitten Sie ihn, beim Einatmen den Bauch ganz voll und rund und dick zu machen, um beim Ausatmen wahrzunehmen, wie der Bauch wieder nach innen geht. So kann man eine Weile bewusst und langsam tief ein- und ausatmen, was zur Beruhigung beiträgt. Manchen wird dabei allerdings schwindlig. Das liegt an einer Überversorgung mit Sauerstoff. Es ist aber nicht gefährlich. Wenn jemandem schwindlig wird, beenden Sie die Atemübungen, und gehen Sie wieder zum normalen Luftholen über.

In den Bauch atmen

Nasenwechselatmung

Dies ist eine einfache Atemübung aus dem Yoga. Zu Beginn sollte eine aufrechte Sitz- oder Stehposition eingenommen werden. Klassisch wird diese Übung mit einer bestimmten Handhaltung durchgeführt. Wir machen aber nur eine einfachere Variante: Erst atmet man ein paar Mal ganz normal tief ein und aus. Danach wird das rechte Nasenloch mit einem Finger verschlossen und tief durch das linke Nasenloch eingeatmet, bis die Lunge voll ist. Anschließend wird der Finger vom rechten Nasenloch gelöst und stattdessen das linke Nasenloch zugehalten. Aus dem rechten Nasenloch soll nun die komplette Luft aus der Lunge geblasen werden. Nach einem kurzen Moment wird durch dasselbe Nasenloch wieder eingeatmet, dann das verschlossene Nasenloch wechseln usw. Zehn Links-Rechts-Zyklen sind eine gute Anzahl. Auf diese Weise wird der Atem langsamer und tiefer, und auch so wird man ruhiger. Viele Menschen spüren eine sofortige Entspannung und Beruhigung. Außerdem findet zusätzlich eine Koordination von körperlichen Bewegungsabläufen statt. Der Links-Rechts-Wechsel fördert die Koordination der Körper- und Gehirnhälften und ist darüber hinaus ebenfalls auf den Moment zentrierend. Diese einfache Übung können Menschen auch Zuhause durchführen.

Atemübung aus dem Yoga

10–0 Atem- und Konzentrationsübung

Konzentration auf einen Gegenstand

Dies ist eine Übung aus der Traumatherapie. Sie dient dazu, Flashbacks zu stoppen, sich zu orientieren und zu beruhigen. Wenn ein Mensch von belastenden Erinnerungsbildern bedrängt wird, reicht es nicht, dass er versucht „nicht daran zu denken". Um etwas „nicht" zu sehen, brauchen wir eine Alternative. Wir brauchen andere Bilder, auf die wir uns konzentrieren können. Bei dieser Übung soll sich die KlientIn einen Gegenstand im Raum aussuchen, auf die sie den Blick richtet. Während der Gegenstand fokussiert wird, wird langsam ein- und ausgeatmet und mit jedem Atemzug rückwärts von zehn herunter gezählt, bis die Null erreicht ist.

Bewegungsübungen

Kontrolle bewahren

Traumatisierte Menschen sind tendenziell angespannt, haben ein hohes Stresslevel. Daher ist der Gedanke, Entspannungsübungen könnten helfen, besonders naheliegend. Die Erfahrung lehrt jedoch, dass Entspannungsübungen für sie in der Regel überfordernd wirken. Durch die Traumatisierung sind sie alarmiert, wachsam, haben das Bedürfnis nach Kontrolle. In einem solchen Zustand fällt (Tiefen-)Entspannung schwer, es müsste nämlich die Kontrolle abgegeben werden. Es müssen also Möglichkeiten gefunden werden, die Spannungen abzubauen und gleichzeitig die Kontrolle zu bewahren. Außerdem neigen traumatisierte Menschen dazu, zu dissoziieren oder in belastende Erinnerungen abzugleiten. Auch deshalb sind Übungen mit geschlossenen Augen, bei denen man sich vielleicht etwas vorstellt, meist ungeeignet. Einfache Körperübungen hingegen können hier hilfreicher sein. Der Mensch bleibt aktiv, in Zeit und Raum orientiert und bewahrt die Kontrolle. Auch hier gilt wieder: Tasten Sie sich langsam heran.

Energie abführen

Bewegung kann helfen, angestaute Energie aus dem Körper zu entlassen: aufstehen, herumlaufen, mit den Füßen stampfen, mit den Armen schwingen, dehnen und strecken, die Handflächen oder Fingerspitzen fest aneinander drücken. Alle Bewegungen, die dazu beitragen, den eigenen Körper, den Boden unter den Füßen wieder zu spüren und Energie abzuführen, sind hilfreich. Manchen Menschen, in der Regel besonders Jugendliche und Männer, möchten ihre Muskeln spüren. Sie machen gerne Liegestütze, Kniebeugen etc. Wenn Ihnen das liegt, und wenn diese Art von Bewegung zu dem jungen geflüchteten Menschen passt, schlagen Sie ruhig solche Übungen vor. Sport und Bewegung generell können entlastend sein, um Stress abzubauen, um besser schlafen zu können. Unterstützen Sie Geflüchtete dabei, etwas zu finden, was ihnen hilft.

Sport

Als besonders hilfreich haben wir *Progressive Muskelrelaxation* nach Jacobson erlebt. Dabei wird ein Muskel erst angespannt und dann entspannt, die Person bleibt aktiv, hat die Kontrolle und erlebt dennoch eine merkbare körperliche Entspannung. Auch hier verwenden wir in der Beratung häufig eine einfachere Variante, im Sitzen auf dem Stuhl, die leicht zu erlernen und zu erinnern ist. Einige KlientInnen wenden sie so auch gerne selbst Zuhause an, zum Beispiel wenn sie nicht schlafen können. Wenn Sie solche Techniken kennen oder sich leicht aneignen können, bietet es sich an, diese auch weiterzugeben. Wir wollen auch nicht verheimlichen, dass all diese Übungen auch Ihnen selbst dienen können, um zur Ruhe zu kommen, um sich in den Moment zu entspannen und wieder bei sich zu landen.

Progressive Muskelrelaxation

Möglicherweise besteht auch die Möglichkeit, vor Ort traumasensible Bewegungsangebote für Geflüchtete einzurichten, bei denen darauf geachtet wird, wie die TeilnehmerInnen auf Übungen reagieren, dass sie nicht überfordert oder getriggert werden oder dissoziieren. Wir haben gute Erfahrungen mit traumasensiblem Yoga gemacht. Vielleicht gibt es auch bei Ihnen jemanden mit der entsprechenden Achtsamkeit, einer guten Ausbildung und Erfahrung, der ein solches Angebot für Geflüchtete machen möchte?

Traumasensible Bewegungsangebote einrichten

Achtsamkeitsübungen und Ablenktechniken

Die meisten Menschen neigen dazu, nicht mit ihrer vollen Aufmerksamkeit im Hier und Jetzt zu sein. Wir handeln, erledigen etwas, fahren Auto oder Bahn, während unsere Gedanken

Aufmerksamkeit auf die Gegenwart richten

abschweifen, sich mit Dingen beschäftigen, die wir erlebt haben oder die vor uns liegen. Für uns alle ist es sinnvoll, immer wieder innezuhalten und unsere Aufmerksamkeit bewusst auf die Gegenwart zu richten. Das Leben findet jetzt, in diesem Moment statt, nur so können wir es spüren. Denn nur das Hier und Jetzt ist real, alles andere ist es nicht, wenn man es genau betrachtet. Umso wichtiger ist es für traumatisierte Menschen zu trainieren, mit ihrer Wahrnehmung in den gegenwärtigen Moment zu kommen. Unverarbeitete Traumata ziehen ihre Aufmerksamkeit in die Vergangenheit und projizieren Ängste und Befürchtungen in die Zukunft. Sicherheit und Ruhe hingegen lassen sich nur in der Gegenwart aufbauen. Im Übrigen auch nicht nur, wenn man traumatisiert ist.

Spaziergang als Achtsamkeitsübung

Achtsamkeitsübungen helfen, das Augenmerk bewusst auf die Gegenwart zu richten. Eine sehr einfache Achtsamkeitsübung kann beim gemeinsamen Spazierengehen praktiziert werden. Erzählen Sie sich gegenseitig abwechselnd, was Sie sehen, hören und spüren, zum Beispiel „das gelbe Fahrrad an der Wand, das Hupen in der Ferne, der Wind im Gesicht…“ Wenn Sie erklären, dass es darum geht, zu trainieren, sich auf die Gegenwart zu konzentrieren, wirken solche Übungen auch nicht seltsam.

Eine andere Achtsamkeitsübung ist bewusstes Essen, bei dem Sie mit allen Sinnen wahrnehmen. Nehmen Sie zum Beispiel einen Apfel. Schauen Sie ihn zuerst an. Welche Farbe, welche Form hat er? Nehmen Sie ihn in die Hand. Wie fühlt er sich an? Wie schwer oder leicht ist er? Wie riecht er? Erst wenn sie ihn intensiv von außen wahrgenommen haben, beißen Sie hinein. Kauen Sie langsam und bewusst. Nehmen Sie den Geschmack wahr. Wie fühlt sich der Apfelbrei im Mund an? Schlucken Sie bewusst hinunter, bevor Sie den nächsten Bissen nehmen.

Bewusst wahrnehmen

Wenn Sie möchten, können Sie sich außerdem noch bewusst machen, welches Wunder in diesem Apfel steckt. Der Apfelkern, der zu einem Baum herangewachsen ist. Die Erde, mit all den unzähligen kleinen Lebewesen darin, die Sonne und der Regen, die dazu beigetragen haben, den Baum mit Energie zu versorgen, so dass eine Apfelblüte entstehen konnte, aus der dann ein Apfel heranreifte. Und dann gibt es noch die Menschen, die den Baum gepflegt haben, den Apfel geerntet, verpackt, transportiert, in einem Geschäft verkauft haben. Und nun ist dieser Apfel hier, nährt uns, wird verdaut, in Energie umgewandelt. Uns diese Zusammenhänge bewusst zu machen, kann dazu beitragen, dass wir uns mit der Welt und dem Leben wieder verbunden fühlen. Aber als Achtsamkeitsübungen, um die Aufmerksamkeit gezielt von stressauslösenden Inhalten abzulenken, reicht es auch völlig aus, den Apfel bewusst wahrzunehmen und zu essen.

Solche Achtsamkeits-, aber auch Ablenktechniken können traumatisierte Menschen üben. Sie stehen ihnen dann auch in anderen Situationen zur Verfügung. Schauen Sie gemeinsam mit den Menschen, die Sie unterstützen, was ihnen speziell am besten tut, um die Aufmerksamkeit darauf zu richten. Vielleicht hilft es, den Raum oder einen Gegenstand ganz intensiv wahrzunehmen und zu beschreiben. Andere mögen Zählaufgaben, wie etwa die Anzahl der Motive auf der Tapete etc.

Ablenktechniken

4 Sichere Bindung

Bindung als Schutzfaktor

Ein Trauma bedeutet, dass das Vertrauen in die Welt und häufig auch in andere Menschen geschädigt ist. Dies ist eine enorme Belastung. Um das Leben gut bewältigen zu können, sind nahestehende vertrauensvolle Beziehungen vonnöten. Eine sichere Bindung ist ein wesentlicher Schutzfaktor für psychische Widerstandskraft und mobilisiert wichtige Kräfte zur Welterkundung und Selbstentfaltung. Bei Kindern ist eine sichere Bindung wesentlich, damit sie sich gut entwickeln können. Und Bindungspersonen müssen nicht unbedingt die direkten Angehörigen sein. Die Resilienzforschung, die sich damit beschäftigt, wie Menschen es schaffen, Belastungs- und Risikosituationen gut zu bewältigen, hat herausgefunden: Die sichere Bindung zu einem Menschen außerhalb der eigenen Familie, zu einem stabilen und gut vernetzten Erwachsenen, der als Bezugsperson und Rollenmodell dient, ist ein wichtiger Schutzfaktor (vgl. Bengel et al. 2009). Dieser Mensch muss nicht permanent verfügbar und für alles zuständig sein, aber es muss ihn geben.

Positive Bindungserfahrungen ermöglichen

Das Bindungssystem von Menschen ist zeitlebens offen und lernfähig. So besteht auch die Möglichkeit, alte schmerzhafte Erfahrungen zu überwinden und neue zu adaptieren. In der Begleitung traumatisierter Geflüchteter machen wir gegebenenfalls ein solches Bindungsangebot – wenn wir das möchten und der Rahmen unserer Tätigkeit dies zulässt. Dabei geht es nicht darum, dauerhafte private Freundschaften einzugehen oder jemanden, den wir betreuen, für die nächsten Jahre an uns zu binden. Es geht darum, in einem klaren Rahmen und mit klaren Grenzen die Erfahrung zu ermöglichen, dass Menschen doch mitfühlend, zuverlässig und vertrauenswürdig sein können. Diese Erfahrung kann dann wieder auf andere Menschen übertragen werden.

Häufig haben wir in der Sozialen Arbeit die Sorge, dass wir Menschen zu sehr an uns binden, dass sie von uns abhängig werden. Es ist wichtig, dass wir unsere KlientInnen in ihrer Autonomie stärken und Hilfe zur Selbsthilfe leisten. Dennoch ist „professionelle Nähe“ in der Arbeit mit belasteten und traumatisierten

Menschen genauso wichtig wie die vielbeschworene „professionelle Distanz“. Es kann heilsam sein, wenn wir Bindung anbieten, wenn wir eine Zeitlang als Menschen zugänglich und präsent sind. In der Arbeit mit traumatisierten Menschen haben wir die Erfahrung gemacht, für manche phasenweise eine wichtige Bezugsperson zu sein, Wegbegleiter. Mit der Zeit knüpfen sie andere, private Bindungen, sie gehen ihrer Wege. Manchmal melden sich Klienten noch nach Jahren, wenn es erfreuliche Nachrichten wie Hochzeiten und die Geburt von Kindern gibt, oder auch wenn noch einmal eine Krise auftritt. Aber die Rolle als zentrale Bindungsperson ist eine temporäre.

Ehrenamtliche Beziehung

In der ehrenamtlichen Arbeit verdienen die Beziehungsgestaltung und das Bindungsangebot eine besondere Aufmerksamkeit, weil die Grenzen unklarer sind, wenn die Begleitung in einem quasi privaten Rahmen stattfindet. So kann es leicht zu Missverständnissen und falschen Erwartungen kommen. Umso wichtiger ist es, selbst Klarheit über das eigene Hilfsangebot zu haben. Es gibt sicher auch Unterstützungsbeziehungen, aus denen sich mit der Zeit eine gleichberechtigte, dauerhafte Freundschaft auf

Augenhöhe entwickelt. Aber das ist nicht die Regel und beruht auf vielen Faktoren wie etwa gegenseitiger Sympathie und gemeinsamen Interessen. Eine dauerhafte private Freundschaftsbeziehung kann also weder Ziel ehrenamtlicher Tätigkeit sein noch kann sie eingeplant werden. Sinnvollerweise findet die Begleitung in einem zeitlich und thematisch beschränkten Rahmen statt.

„Verdiente sichere Bindung"

In jedem Fall bieten wir eine Art von Beziehung an, und möglicherweise machen wir eben auch ein Bindungsangebot. Die Erfahrung zeigt, dass kompensatorische, „verdiente sichere Bindungen" ein wichtiger Schritt auf dem Weg zur Heilung sein können. Sie tragen dazu bei, wieder emotionale Stabilität und Sicherheit zu entwickeln.

Achtsamkeit und Selbstreflexion

Um ein solches Bindungsangebot machen zu können, brauchen wir einige Voraussetzungen und Kompetenzen. Wir benötigen Achtsamkeit, um im Kontakt mit einem traumatisierten Menschen wahrnehmen zu können, wie es ihm geht, um die eigenen Grenzen und die Grenzen des anderen wahrzunehmen und zu wahren. Wir brauchen Selbstreflexion, wir sollten uns und unsere eigenen Wünsche, aber auch „Macken" und wunden Punkte gut kennen, damit wir nichts vermischen. Wir müssen zwischen unseren eigenen Problemen und denen des Hilfesuchenden unterscheiden können. Und wir müssen emotional verfügbar sein: Diese Stunde möchte ich aus vollem Herzen diesem Menschen widmen. Hier geht es jetzt nicht um mich. An dieser Stelle kann ich meine eigenen Bedürfnisse und Befindlichkeiten durchaus wahrnehmen, sie aber auch zurückstellen. Meine eigenen Gefühle bringe ich nur in den Kontakt, wenn es für mein Gegenüber dienlich ist. Vielleicht ist es für ihn wichtig, dass er die Rückmeldung bekommt, dass mich z. B. ein bestimmtes Verhalten ärgert, damit er meine Reaktion einschätzen und etwas verändern kann. Vielleicht bin ich aber auch nur gereizt, weil etwas in meinem Privatleben mich unzufrieden macht. Dann sollte der geflüchtete Mensch, mit dem ich zu tun habe, meine negativen Emotionen nicht abbekommen, sondern sie gehören an eine andere Stelle.

5 „Ich bin in Ordnung!" – Unterstützung positiver Selbstbilder

Eine Traumatisierung ist die Erfahrung, ausgeliefert und ohnmächtig zu sein. Diese Erfahrung schädigt das Selbstwertgefühl und das Selbstbild. Vielleicht erlebe ich mich weiterhin als ausgeliefert, ein Opfer der Umstände. Vielleicht trete ich aber auch besonders aggressiv auf, um bloß nie wieder in die Opferrolle zu kommen. Beides hat negative soziale Konsequenzen und schränkt die Lebensqualität ein. Deshalb ist es für traumatisierte Menschen so wichtig, wieder ein positives Selbstbild zu entwickeln. Und auch hier kann eine traumasensible Unterstützungsarbeit Positives beitragen.

Umgang mit der Opferrolle

Traumatisierte Menschen sagen häufig: „Ich will gar nicht an das schlimme Ereignis denken, aber es kommt von selbst immer wieder." Wir Menschen können nicht „nicht" an etwas denken. So funktioniert unser Gehirn nicht. Wenn wir Sie jetzt auffordern, auf keinen Fall daran zu denken, was Sie heute noch erledigen müssen und was es eigentlich zum Abendessen geben soll, werden

Sie genau an diese Dinge denken. Genauso verhält es sich mit traumatischen Erinnerungen, nur um ein Vielfaches intensiver. Um nicht an etwas Bestimmtes zu denken, braucht es Alternativen, auf die ich bewusst meine Aufmerksamkeit lenken kann. Das können ganz buchstäblich „gute Bilder“ sein, auf die ich mich konzentrieren und den belastenden Erinnerungsbildern entgegensetzen kann. Vielleicht können Sie traumatisierten Geflüchteten Zugang zu „guten Bildern“ ermöglichen, zu Kunst, Fotos, Filmen, Geschichten… Diese Bilder kann man betrachten, sie in sich aufnehmen, verinnerlichen, sich später daran erinnern.

Zugang zu guten Bildern

Noch wichtiger ist es, ausgleichende Erfahrungen zu machen, um den negativen belastenden Erinnerungen positive Erlebnisse entgegensetzen zu können. Können Sie in ihrer Tätigkeit solche schönen Erlebnisse ermöglichen? Das kann etwas Besonderes sein wie ein Ausflug, ein Picknick, ein Fest, aber das können auch schöne, ruhige Alltagserlebnisse sein, an die man sich später erinnern kann und die dann positive Gefühle hervorrufen.

Positive Erfahrungen ermöglichen

Ein ganz wichtiger Punkt ist die Partizipation. Ein Trauma bedeutet: Ich bin ausgeliefert, ich kann nicht reagieren oder Einfluss nehmen. Bei traumatisierten Geflüchteten hält die Situation des ohnmächtigen Ausgeliefertseins häufig lange an. Andere Menschen entscheiden über alle wesentlichen Punkte ihres Lebens: Kann ich bleiben oder werde ich abgeschoben? An welchem Wohnort lebe ich? Wohne ich in einem Lager oder in einer eigenen Wohnung? Darf ich an einem Integrationskurs teilnehmen? Darf ich arbeiten? Darf ich studieren? Umso relevanter ist es, ob es Lebensbereiche gibt, in denen traumatisierte Geflüchtete Einfluss nehmen können. Damit sie sich auch als gestaltend und wirkmächtig erleben können. Gibt es in Ihrem Einsatzgebiet Möglichkeiten, (mit) zu entscheiden? Können die Bewohner selbst entscheiden, wie der Aufenthaltsraum gestaltet wird? Können die Jugendlichen entscheiden, wohin der Ausflug gehen wird? Kann der Klient entscheiden, worüber in der Beratung gesprochen wird und worüber nicht?

Partizipation

Positive Erfahrungen sind auf vielen Ebenen möglich und tragen dazu bei, wieder ein positives Selbstbild zu entwickeln.

Auf der nächsten Seite nochmal eine Checkliste, die zeigt, welche positiven Erfahrungen Sie ermöglichen können:

Checkliste „Positives Selbstbild“

- ☐ Partizipation:
  Wo sind Mitbestimmungsmöglichkeiten denkbar?

- ☐ Schöne Erlebnisse:
  Was könnten wir anbieten/organisieren?

- ☐ Gute Bilder
  - ☐ Fotos, Kunst, Geschichten, Filme …
  - ☐ Können wir Zugang ermöglichen?

6 Ressourcenorientierung

Um Menschen zu stabilisieren und zu stärken, ist es sinnvoll, an ihre Stärken anzuknüpfen, den Blick darauf zu richten, was sie gerne und gut machen, was wohltuend ist. Sie können sich gemeinsam mit den geflüchteten Menschen, die Sie unterstützen, auf die Suche machen nach diesen manchmal verborgenen Schätzen, um diese weiter zu fördern und auszubauen. Und da werden Sie bei jedem Menschen etwas finden. Manchmal ist es ganz leicht und manchmal muss man ein wenig beharrlicher sein.

„Schatzsuche"

Ressourcen lassen sich auf vielen Ebenen finden. Das sind alle Tätigkeiten, die die eigene Energie wieder in den Fluss bringen, bei denen die Person sich als effektiv und kreativ erleben kann. Für

Bewegung

viele Menschen sind körperorientierte Tätigkeiten, z.B. Sport, Tanz oder Yoga eine Ressource. Wenn wir uns bewegen, kommt die angestaute Energie wieder in den Fluss. Wir spüren uns besser in unserem Körper, können besser schlafen.

Also achten Sie darauf: Ist der Jugendliche vielleicht ein hervorragender Fußballspieler und wäre eine Bereicherung für den lokalen Verein? Kann die angespannte junge Frau vielleicht am besten bei langen Spaziergängen durch die Natur zur Ruhe kommen? Manche Menschen erleben auch alltägliche Bewegungsabläufe als beruhigend und entspannend, zum Beispiel putzen oder bügeln.

Besondere Kenntnisse

Für viele Menschen ist es befriedigend und stärkend, die Tätigkeiten ausüben zu können, bei denen sie besondere Kenntnisse haben. Vielleicht gibt es Dinge, die sie gelernt haben und hier einbringen können? Vielleicht ist es das Kochen, Frisieren, Schreinern, Handarbeit, Gartenbau etc.

Künstlerischer Ausdruck

Gerade künstlerische Ausdrucksmöglichkeiten, z.B. Malen, Musik machen, Schreiben, ermöglichen manchen Menschen, sich mit ihren Gefühlen auseinanderzusetzen, etwas zu erschaffen. Vielleicht lässt sich eine Malgruppe für die Kinder in der Unterkunft organisieren? Vielleicht gibt es eine gespendete Gitarre für den Mann, der selbst Liedtexte dichtet und Lieder komponiert? Kreativität birgt für alle Menschen ein enormes Heilungs- und Entwicklungspotenzial.

Soziale Bindungen

Auch soziale und familiäre Bindungen können eine Ressource sein, die Kraft und Halt gibt. Häufig ist es die Verantwortung für die eigenen Kinder, die Menschen nicht aufgeben und durchhalten lässt, auch in schwierigen Zeiten. Vielleicht gibt es ein soziales Umfeld, einen Verein, der für Zugehörigkeit sorgt. Vielleicht gibt es unterstützende Menschen, Freunde und Angehörige, die für einen traumatisierten Geflüchteten da sind und ihn auffangen? Vielleicht lassen sich eingeschlafene Kontakte wieder aktivieren?

Auch Werte, moralische Grundhaltungen können Halt und Orientierung geben und in schwierigen Zeiten psychische Stabilität vermitteln. Häufig ist es der Glaube, der Menschen Kraft gibt. Manchmal ist es auch eine politische Überzeugung, der Einsatz für eine bessere Welt, der Sinn stiftet und hilft. Wenn ich weiß, wozu ich etwas tue, was meine Mission auf dieser Welt ist, lassen sich widrige Umstände manchmal besser ertragen. Es kann hilfreich sein, gemeinsam zu reflektieren, wie die Werte, für die ein Mensch sich eingesetzt hat, auch in diesem neuen Kontext des Exils einen Platz finden können.

Werte und Haltungen

Und nicht zuletzt geben Zukunftspläne eine Richtschnur und einen Halt. Vielleicht stärkt es mich, wenn ich auf ein Ziel hin arbeite, zum Beispiel der Schulabschluss oder das Studium. Vielleicht geht es aber auch darum, eine Vision zu entwickeln, die schweren Erfahrungen produktiv für die Zukunft umzusetzen. Immer wieder hören wir von Geflüchteten, dass sie sich für andere Menschen einsetzen möchten, ihre Erfahrungen und was sie daraus gelernt haben, weitergeben möchten an Menschen, die genauso in einer schwierigen Situation sind, wie sie jetzt. Ein solches Ziel kann die Kraft und die Motivation geben, durchzuhalten, sich weiterzuentwickeln.

Zukunftspläne als Richtschnur

Zusammenfassend kann alles eine Ressource sein, was innere und äußere Stabilität, Selbstwirksamkeit und einen Fluss der kreativen Energien ermöglicht.

3. Checkliste „Ressourcenorientierung“

- ☐ Körperorientierte Tätigkeiten
  z. B.: Sport, Tanz, Yoga

  ____

  ____

- ☐ Kulturspezifische und gleichzeitig überkulturelle Tätigkeiten
  z. B.: kochen

  ____

  ____

- ☐ Handarbeiten
  z. B.: nähen, sticken, stricken

  ____

  ____

- ☐ Überdauernde Orientierungsrahmen, die psychische Stabilität vermitteln
  z. B.: Religiosität, politische Überzeugungen, moralische Haltungen

  ____

  ____

- ☐ Zukunftsorientierung, Zukunftspläne, Motivation

  ____

  ____

Teil IV
Schutz vor eigenen Belastungen

Sechs Wege zur Selbstfürsorge

Selbstfürsorge als Voraussetzung des Helfens

Wenn wir mit Menschen arbeiten, die in existenziellen Notlagen sind, fällt es uns häufig schwer, Grenzen zu setzen, abzuschalten und uns um uns selbst zu kümmern. Es ist wichtig, dass wir uns immer wieder bewusst machen, dass Selbstfürsorge kein egoistisches Anliegen ist, sondern eine unabdingbare Voraussetzung, um mit belasteten Menschen arbeiten zu können. Nur wenn wir dafür sorgen, dass wir selbst bei Kräften bleiben, können wir andere Menschen stärken.

Abstand gewinnen

Wie geht es Ihnen in der Arbeit mit geflüchteten Menschen? Haben Sie Mechanismen entwickelt, wie Sie nach Feierabend Abstand gewinnen und auftanken können? Oder nehmen Sie alles mit nach Hause, grübeln beim Einschlafen und Aufwachen darüber, wie schlecht es der Familie geht, die Sie begleiten und was Sie bloß machen können, damit es besser wird? Wenn Sie schlecht abschalten können, wenn Ihre Tätigkeit Sie zunehmend belastet, dann ist es höchste Zeit, dass Sie etwas für sich tun.

Eigene Ressourcen beachten

Auch für uns sind all die Dinge wohltuend, die für traumatisierte Menschen stabilisierend sind. Machen Sie sich ihrer eigenen Ressourcen bewusst. Was tut Ihnen gut? Was stärkt Sie? Was beruhigt Sie? Was baut Sie auf? Erstellen Sie eine eigene Ressourcenliste und gönnen Sie sich regelmäßig Dinge, die Ihnen gut tun. Häufig wissen wir um unsere Kraftquellen, vergessen sie aber im wuseligen Alltag, wenn wir sie am nötigsten brauchen!

Wir haben hier einige Gedanken und Anregungen zusammengestellt, die Sie in Ihrer Selbstfürsorge unterstützen sollen.

1 Nähe und Distanz

Empathie und Nähe sind notwendig, um traumatisierten Menschen helfen zu können. Wenn wir allzu distanziert sind, werden sich Menschen bei uns nicht willkommen und geborgen fühlen, werden sich mit ihren Verletzungen nicht öffnen können. Wir müssen berührbar sein, damit Menschen emotional „andocken" können. Aber es ist auch nicht hilfreich, allzu „nah dran" zu sein. Wenn ich mich mit in die Verzweiflung und in das Problem ziehen lasse, habe ich weder den Überblick noch die Stabilität, um einem Menschen heraus helfen zu können. Ich brauche also eine gute Balance aus Nähe und Distanz – mich einlassen und wieder zu mir zurückkommen. Das beginnt bereits in der konkreten Gesprächssituation. Was ist ein guter Abstand für mich? Wenn ich merke, dass ich emotional sehr involviert werde, kann es manchmal sehr gut sein, buchstäblich mehr Abstand zu gewinnen. Vielleicht rutschte ich ein Stück auf meinem Stuhl zurück, setze mich auf.

Die richtige Balance ist wichtig

2 Grenzen setzen

Sich eigene Grenzen bewusst machen

Machen Sie sich bewusst, was Sie in Ihrer Unterstützungsarbeit leisten möchten und was nicht, was Sie aus vollem Herzen geben können und wo Ihre thematischen und zeitlichen Grenzen liegen. Vielleicht ist das durch Ihr Aufgabengebiet im Job, durch Ihre Arbeitsplatzbeschreibung festgelegt, vielleicht müssen Sie sich auch im Rahmen Ihrer ehrenamtlichen Tätigkeit individuell oder im Austausch mit anderen Aktiven selbst eingrenzen. Wenn Sie klar und wertschätzend kommunizieren, was Ihre Aufgaben sind und was nicht, sind Sie auch einschätzbar. Das trägt zur Sicherheit bei.

Grenzen wertschätzend kommunizieren

Nehmen Sie wahr, wann jemand mit einem Anliegen Ihre Grenzen übertritt und erlauben Sie sich, Grenzen zu setzen. Das muss nicht kalt und abweisend geschehen. Wenn Sie signalisieren: „Ich sehe Ihre Not und verstehe, dass Ihr Anliegen berechtigt ist, aber es überschreitet meine Möglichkeiten“, muss eine Abgrenzung nicht verletzend sein. Wenn Sie es sich herausnehmen, an bestimmten Stellen Nein zu sagen, geben Sie gleichzeitig auch Ihrem Gegenüber die Erlaubnis, sich abzugrenzen, gut gemeinte Vorschläge abzulehnen. Auch das kann stärken. Und wenn Sie gleichzeitig schauen, ob es andere Menschen oder spezialisierte Einrichtungen gibt, die dem Geflüchtetenan dieser Stelle weiterhelfen können, dann muss er sich nicht alleine gelassen fühlen.

3 Abstand gewinnen

Bewusst Feierabend machen

Wenn wir einer emotional herausfordernden Tätigkeit nachgehen, ist es wichtig, dass sie uns nicht rund um die Uhr beschäftigt, dass wir Feierabend machen können, Abstand gewinnen. Wenn Sie zu den Menschen gehören, die nach Büroschluss den Computer herunterfahren, die Tür hinter sich schließen und damit jeden Gedanken an die Arbeit bis zum nächsten Morgen dort lassen, ist das wunderbar. Wenn Ihnen das schwerer fällt, kann es gut sein, Rituale zu entwickeln, die dabei helfen, Abstand zu gewinnen. Vielleicht reicht tatsächlich das abendliche bewusste Aufräumen des Schreibtischs und bewusste Verlassen der Arbeitsstelle. Vielleicht brauchen Sie noch einen Moment, bevor Sie nach Hause gehen, um den Tag noch einmal Revue passieren zu lassen und dann abzuschließen. Vielleicht können Sie den Heimweg, den Fußweg zum Bahnhof, die Fahrt mit dem Auto oder Fahrrad nutzen, um bewusst alles abzulegen, was Sie noch beschäftigt. Vielleicht können Sie auf der Fahrt oder nachdem Sie nach Hause gekommen sind, Ihre eigene Atem- oder Visualisierungsübung durchführen, die Ihnen hilft, das Gewicht, das Sie noch auf den Schultern tragen, abzulegen. Manchen Menschen hilft es auch, sich Symbole und Rituale zu suchen, welche die Tätigkeit eingrenzen: Wenn ich zur Arbeit komme, lege ich diese Uhr, dieses Tuch an, wenn ich wieder gehe, lege ich es wieder ab und damit auch meine berufliche Rolle. Rituale haben nichts Magisches an sich. Es sind definierte symbolische Handlungen, mit denen wir unserem Unterbewusstsein etwas mitteilen, in diesem Fall: „Hier fängt die Arbeit an, hier hört sie auf“. Sie können sehr hilfreich und effektiv sein.

Den Heimweg nutzen

Rituale etablieren

4 Unterstützung suchen

Vernetzung mit Anderen

Manchmal gelingt es uns nicht, Abstand zu gewinnen. Manche Themen gehen uns besonders nahe. Manchmal wollen wir helfen und wissen einfach nicht weiter. Wenn Sie in diesem Sinne an Ihre Grenzen stoßen, holen Sie sich Unterstützung. Suchen Sie den Austausch mit anderen Aktiven. Entlasten Sie sich gegenseitig, lassen Sie sich Empfehlungen geben, wie andere bestimmte Probleme angehen, geben Sie Ihre Erfahrungen weiter. Vielleicht gibt es ein Ehrenamtlichentreffen, wo Sie sich regelmäßig austauschen können? Vielleicht können Sie sich in einer Gruppe in den Sozialen Netzwerken vernetzen und auf diesem Wege schnell Feedback und Antworten auf drängende Fragen bekommen?

Intervision und Supervision

Wenn Sie beruflich mit Geflüchteten arbeiten, treffen Sie sich mit KollegInnen zur Intervision. Nutzen Sie Supervisionsangebote oder fordern Sie ein, dass auch an Ihrem Arbeitsplatz Supervision angeboten wird. Kooperieren Sie mit spezialisierten Beratungsstellen. Viele Psychosoziale Zentren für Geflüchtete bieten auch Informationsveranstaltungen, Fortbildungen und Fachberatung für MitarbeiterInnen der Flüchtlingsarbeit an.

5 Die eigenen Verletzungen heilen

Durch die Arbeit mit Geflüchteten sind viele Menschen mit dem Thema Traumatisierung konfrontiert und befassen sich vielleicht zum ersten Mal bewusst damit. Wenn wir unsere eigene Biografie oder die unserer Eltern „durch die Traumabrille betrachten“, werden uns manchmal jedoch Zusammenhänge klar und Reaktionen werden plötzlich erklärbar. Wenn wir mit Menschen arbeiten, die schwere Verletzungen überlebt haben, berührt das möglicherweise eigene wunde Punkte – Dinge, die wir selbst erlebt und noch nicht verarbeitet haben. Wenn Sie feststellen, dass Sie selbst noch unverheilte Wunden in sich tragen, so ist das kein Makel und auch kein Zeichen von mangelnder Professionalität. Es ist vollkommen normal. Um gut mit belasteten Menschen arbeiten zu können, ist es allerdings sinnvoll, die eigenen Wunden zu kennen und zu versorgen. Sonst besteht die Gefahr, dass sich Dinge vermischen, sodass in der Arbeit belastende Gefühle aufkommen, die genauso viel oder gar mehr mit uns selbst als mit den KlientInnen zu tun haben. Oder dass bestimmte Themen vermieden und umschifft werden, um sich selbst zu schützen und dabei der Hilfesuchende aus dem Blickfeld gerät. Oder man reagiert abweisend und abwehrend auf bestimmte Menschen, weil sie genau diese Gefühle auslösen, die man vermeiden möchte… Also: Es ist normal, dass der Kontakt mit traumatisierten Menschen an eigene Verletzungen rührt, und es ist „professionell“ und sinnvoll, sich darum zu kümmern, dass diese heilen können. Wenn Sie solche Verletzungen bei sich feststellen, gönnen Sie sich eine eigene Begleitung, vielleicht auch Therapie.

Eigene Wunden können berührt werden

Begleitung suchen

6 Auftanken

Tun Sie Dinge, die Ihnen Kraft geben. Die Ihnen helfen, mit allen Sinnen in den gegenwärtigen Moment einzutauchen. Alles, was Ihnen individuell gut tut. Dabei können Sie sich von den Fragen zur Ressourcenorientierung inspirieren lassen.

Selbstfürsorge bedeutet, sich selbst (auch) zu sehen, während man das Gegenüber im Blick hat; zu wissen wie man minimiert, was einen erschöpft und wie man sich effektiv entlastet nach getaner Arbeit, und zwar in kleinen, alltagstauglich praktikablen Schritten.
Weitere Anregungen, wie sie sich vor Mitgefühlserschöpfung, Burnout und Sekundärtraumatiserung schützen und den Ressourcentank immer wieder auffüllen können, finden Sie in unserem Buch „Selbstfürsorge und Schutz vor eigenen Belastungen für Soziale Berufe“ (Beltz-Juventa 2021).

Schlusswort

Dieses Buch soll eine erste Orientierung geben für das Aufeinandertreffen und Arbeiten mit Menschen, die Entsetzliches erlebt haben. Es können Geflüchtete sein, müssen es aber bei Weitem nicht. Ganze Gruppen und Länder können durch Traumatisierungen geprägt sein.

Wenn einem selbst Grausames und Ungerechtes widerfährt bzw. widerfahren ist, ist aus unserer Sicht die größte Gefahr, die Empathiefähigkeit zu verlieren und selbst aggressiv auf alles Fremde, Unbekannte zu reagieren. Es ist eine Form von egozentrischer Blindheit gegenüber den Sorgen und der Hilflosigkeit anderer, da der Fokus auf dem eigenen Leid konzentriert ist. Doch davon wird nichts besser. Das ist vielmehr ein Signal, sich um sich selbst zu kümmern, sich Hilfe zu suchen bei der Heilung eigener Wunden.

Denn im Grunde haben wir *alle* dieselben Wünsche, Bedürfnisse und Vulnerabilitäten: Daher kann unser *aller* Ziel nur **grenzenlose** Mitmenschlichkeit, Solidarität und Loyalität sein! Erst wenn wir einander erkennen und wertschätzen als Menschen mit Stärken und Schwächen jenseits von definierten Trennungen entlang Ethnie, Religion, Alter, Geschlecht oder anderen Merkmalen, schaffen wir es, ein für alle gutes und würdiges Leben miteinander zu leben.

Literatur

Antonovsky, A. (1979): Health, stress und coping: New perspectives on mental and physical well-being. San Francisco: Jossey Bass.

Bengel, J./Meinders-Lücking, F./Rottmann, N. (2009): Schutzfaktoren bei Kindern und Jugendlichen – Stand der Forschung zu psychosozialen Schutzfaktoren für Gesundheit. Forschung und Praxis der Gesundheitsförderung, Band 35. Köln: Bundeszentrale für gesundheitliche Aufklärung.

Cannon, W. B. (1932): The Wisdom of the Body. New York: W. W. Norton.

Falkai, P./Wittchen, H. U. (Hrsg.) (2014): Diagnostisches und statistisches Manual psychischer Störungen DSM-V. Göttingen: Hogrefe.

Fazel, M./Wheeler, J., Danesh/J. (2005): Prevalence of serious mental disorder in 7000 refugees resettled in western countries: a systematic review, in: Lancet 2005 Apr 9–15; 365 (9467), S. 1309–1314.

Flatten, G./Gast, U./Hofmann, A./Knaevelsrud, C./Lampe, A./Liebermann, P./Maercker, A./Reddemann, L./Wöller, W. (2011): S3 – Leitlinie Posttraumatische Belastungsstörung ICD 10: F 43.1., In: Trauma und Gewalt, Jahrgang 5, Heft 3, August 2011, Stuttgart: Klett-Cotta, S. 202–211.

Fischer, G./Riedesser, P. (1999): Lehrbuch der Psychotraumatologie, München: Reinhardt.

Gäbel, U./Ruf, M./Schauer, M./Odenwald, M./Neuner, F. – Psychologische Forschungs- und Modellambulanz für Flüchtlinge, Universität Konstanz (2006): Prävalenz der Posttraumatischen Belastungsstörung (PTSD) und Möglichkeiten der Ermittlung in der Asylverfahrenspraxis. In: Zeitschrift für klinische Psychologie und Psychotherapie, Göttingen: Horgrefe Verlag, S. 12–20.

Handtke, L./Görges H.-J. (2012): Handbuch Traumakompetenz. Basiswissen für Therapie, Beratung und Pädagogik. Paderborn: Junfermann.

Hanswille, R./Kissenbeck, A. (2008): Systemische Traumatherapie. Konzepte und Methoden für die Praxis. Heidelberg: Carl-Auer-Systeme.

Huber, M. (2003): Trauma und die Folgen, Paderborn: Junfermann.

Keilson, H. (1979/2005): Sequentielle Traumatisierung – Untersuchung zum Schicksal jüdischer Kriegswaisen, Gießen: Psychosozial-Verlag.

Kessler, R. C./Sonnega, A./Bromet, E./Hughes, M./Nelson, C. B. (1995): Posttraumatic stress disorder in the National Comorbidity Survey. Archives of General Psychiatry, 52, 1048–1060.

Oerter, R./Montada, L. (2002): Entwicklungspsychologie. 5. Auflage, Weinheim/Basel/Berlin: Beltz.

Maier, T./Schnyder, U. (Hrsg.) (2007): Psychotherapie mit Folter- und Kriegsopfern – ein praktisches Handbuch, Bern: Verlag Hans Huber.

Scherwath, C./Friedrich, S. (2012): Soziale und pädagogische Arbeit bei Traumatisierung, München: Ernst Rheinhardt Verlag.

Schröder, H./Zok, K./Faulbaum, F. (2018): Gesundheit von Geflüchteten in Deutschland – Ergebnisse einer Befragung von Schutzsuchenden aus Syrien, Irak und Afghanistan.

Im Internet verfügbar unter: https://migrant-integration.ec.europa.eu/library-document/gesundheit-von-gefluechteten-deutschland-ergebnisse-einer-befragung-von_de (Stand 29.01.2024).

Tonheim M./Derluyn I./Rosnes, E. V./Zito D. (2015): Rehabilitation and social reintegration of asylum-seeking children affected by war and armed conflict. Stavanger: Center for Intercultural Communication SIK. Im Internet verfügbarunter: http://www.udi.no/statistikk-og-analyse/forsknings-og-utviklings rapporter/rehabilitation-and-social-reintegration-of-asylum-seeking-children-affected-by-war-and-armed-conflict-2015/ (Stand 23.01.2024).

UNHCR (2023): Over 110 million people are forcibly displaced globally. https://www.unhcr.org/mid-year-trends(Stand 23.01.2024).

Weltgesundheitsorganisation (WHO)/Dilling, H./Mombour, W./Schmidt, M. H./Schulte-Markwort, E. (Hrsg.) (2006): Internationale Klassifikation psychischer Störungen. ICD-10 Kapitel V (F) – Diagnostische Kriterien für Forschung und Praxis, 4. Auflage, Bern: Hans Huber.

Zito, D. (2015): Überlebensgeschichten. Kindersoldatinnen und -soldaten als Flüchtlinge in Deutschland. Eine Studie zur sequentiellen Traumatisierung. Weinheim: Beltz Juventa.

Zito, D./Martin, E. (2021): Selbstfürsorge und Schutz vor eigenen Belastungen für Soziale Berufe. Weinheim: Beltz Juventa.

Empfehlungen zum Weiterlesen

Brandmaier. M. et al. (Hrsg.) (2023): Geflüchtete Menschen psychosozial unterstützen und begleiten. Ein Handbuch. Göttingen: v&r-Verlag.

Gahleitner, S./Zimmermann, D. & Zito, D. (2017): Psychosoziale und traumapädagogische Arbeit mit geflüchteten Menschen. Göttingen: V&R-Verlag

Handtke, L./Görges H.-J. (2012): Handbuch Traumakompetenz. Basiswissen für Therapie, Beratung und Pädagogik. Paderborn: Junfermann.

Huber, M. (2009): Trauma und die Folgen. Paderborn: Junfermann.

Huber, M. (2009): Wege der Trauma-Behandlung. Paderborn: Junfermann.

Scherwath, C./Friedrich, S. (2012): Soziale und pädagogische Arbeit bei Traumatisierung. München: Ernst Rheinhardt Verlag.

Kizilhan, J. H./Klett, C. (Hrsg.) (2023): Lehrbuch Transkulturelle Traumapädagogik. Weinheim: Beltz Juventa.

Zito, D./Martin, E. (2021): Selbstfürsorge und Schutz vor eigenen Belastungen für Soziale Berufe. Weinheim: Beltz Juventa.

Bildnachweise

Seite 23 © gettyimages.de/megamix

Seite 26 © gettyimages.de/TokenPhoto

Seite 53 © gettyimages.de/stegworkz

Seite 64 © gettyimages.de/tuk69tuk

Seite 73 © gettyimages.de/Tick-Tock

Seite 78 © gettyimages.de/shaun

Seite 81 © gettyimages.de/VolNa69

Seite 83 © gettyimages.de/cranach

Seite 87 © gettyimages.de/baona

Autorin und Autor

Dima Zito, Dr. phil., Studium der Sozialpädagogik, Promotion in Erziehungswissenschaften zum Thema „Kindersoldatinnen und -soldaten als Flüchtlinge in Deutschland – eine Studie zur sequentiellen Traumatisierung". Psychoanalytisch-Systemische Supervisorin (SG), Systemische Therapeutin (DGSF), Traumatherapeutin und Psychodramatherapeutin. Von 2003 bis 2022 angestellt im Psychosozialen Zentrum für Geflüchtete Düsseldorf e. V., außerdem Forschungs-, Lehr- und Supervisionstätigkeit sowie zahlreiche Veröffentlichungen mit den Schwerpunkten Trauma und Flucht. Seit 2022 in eigener Praxis für Supervision und Fortbildung (www.zitovision.de).

Ernest Martin, Diplom-Psychologe, Integrativer Gestalt-Körperpsychotherapeut, Fachberater für Psychotraumatologie (DeGPT), Ausbildung in integrierter Ehe- und Familienberatung mit psychoanalytisch-systemischer Orientierung. Langjährige Tätigkeit in verschiedenen Feldern der Jugendhilfe sowie einer Beratungsstelle der Diakonie. Seit 2012 eigene Praxis für Psychotherapie, Paarberatung und Körperarbeit in Hückeswagen, darüber hinaus Supervision und Fortbildung in psychosozialen und pädagogischen Arbeitsfeldern (www.praxislebenswege.de).